CONTROLADORIA CORPORATIVA

SÉRIE GESTÃO FINANCEIRA

intersaberes

Érico Eleuterio da Luz

Controladoria corporativa

3ª edição
rev. e atual.

intersaberes

Rua Clara Vendramin, 58 . Mossunguê
CEP 81200-170 . Curitiba . PR . Brasil
Fone: (41) 2106-4170
www.intersaberes.com
editora@intersaberes.com

Conselho editorial	Dr. Alexandre Coutinho Pagliarini
	Drª Elena Godoy
	Dr. Neri dos Santos
	Mª Maria Lúcia Prado Sabatella
Editora-chefe	Lindsay Azambuja
Gerente editorial	Ariadne Nunes Wenger
Assistente editorial	Daniela Viroli Pereira Pinto
Edição de texto	Natasha Saboredo
Capa	Sílvio Gabriel Spannenberg (*design*)
Projeto gráfico	Raphael Bernadelli
Designer responsável	Sílvio Gabriel Spannenberg
Iconografia	Regina Claudia Cruz Prestes

Dados Internacionais de Catalogação na Publicação (CIP)
(Câmara Brasileira do Livro, SP, Brasil)

Luz, Érico Eleuterio da
    Controladoria corporativa / Érico Eleuterio da Luz. -- 3. ed. -- Curitiba, PR : InterSaberes, 2025. -- (Série gestão financeira)
    Bibliografia.
    ISBN 978-85-227-1585-5

    1. Contabilidade gerencial 2. Sistemas de informação gerencial I. Título. II. Série.

24-215015   CDD-658.1511

Índices para catálogo sistemático:
1. Controladoria corporativa : Empresas : Administração financeira 658.1511
Cibele Maria Dias – Bibliotecária – CRB-8/9427

1ª edição, 2012.
2ª edição – rev., atual. e ampl., 2014.
3ª edição – rev. e atual., 2025.

Foi feito o depósito legal.

Informamos que é de inteira responsabilidade do autor a emissão de conceitos.

Nenhuma parte desta publicação poderá ser reproduzida por qualquer meio ou forma sem a prévia autorização da Editora InterSaberes.

A violação dos direitos autorais é crime estabelecido na Lei n. 9.610/1998 e punido pelo art. 184 do Código Penal.

Sumário

Prefácio • 13

Apresentação • 15

Como aproveitar ao máximo este livro • 17

1
Controladoria • 23

1.1 Conceito • 25
1.2 Objetivo • 28
1.3 Funções da controladoria • 31
1.4 O processo de gestão e a figura do *controller* • 36
1.5 Sistema de Informações Gerenciais (SIG): conceitos básicos • 40
1.6 Sistema de Informações Gerenciais (SIG): planejamento e controle • 46
1.7 O que é uma informação gerencial • 49

2
Contabilidade gerencial • 57

2.1 Evolução histórica da contabilidade gerencial • 59
2.2 Conceito e objetivo • 61
2.3 Contabilidade gerencial e controladoria • 67

3
Gestão empresarial • 71

3.1 Gestão e modelos de gestão • 73
3.2 Modelo de gestão • 76
3.3 Modelo de informação • 80
3.4 Modelo de mensuração • 82
3.5 Modelo de decisão • 84

4
Estrutura organizacional • 89

4.1 Importância da definição da estrutura • 91
4.2 Áreas de responsabilidade: divisionalização e departamentalização • 98
4.3 Áreas de responsabilidade: conceito, objetivo e responsabilidades do gestor • 101
4.4 Tipos de áreas de responsabilidade • 106
4.5 Avaliação de desempenho e resultado • 116

5
Controle e análises gerenciais: relatórios gerenciais • 123

5.1 Conceito de controle gerencial • 125
5.2 Conceito e objetivo dos relatórios gerenciais • 126
5.3 Estrutura (forma e conteúdo) dos relatórios gerenciais • 127

6

Auditorias: interna e externa • 135

6.1 Conceito e evolução de auditoria • 137
6.2 Concepção estratégica da auditoria • 138
6.3 Auditoria interna • 138
6.4 Auditoria externa • 145
6.5 Parecer da auditoria externa • 147
6.6 Planejamento • 149
6.7 Programa de auditoria • 150
6.8 Elaboração do programa de auditoria • 152
6.9 Procedimentos de auditoria • 154
6.10 Simbologia1 • 162
6.11 Diagnóstico estratégico em auditoria • 162

Considerações finais • 169

Estudo de caso • 173

Referências • 187

Respostas • 191

Sobre o autor • 195

Dedicatória

Se tu amas uma flor que se acha numa estrela, é doce, de noite, olhar o céu. Todas as estrelas estão floridas.
[...]
Tu olharás, de noite, as estrelas. [...] Minha estrela será então qualquer uma das estrelas. Gostarás de olhar todas elas... Serão, todas, tuas amigas.
[...]
Quando olhares o céu de noite, porque habitarei uma delas, porque numa delas estarei rindo, então será como se todas as estrelas te rissem! E tu terás estrelas que sabem rir!
[...]
E quando te houveres consolado (a gente sempre se consola), tu te sentirás contente por me teres conhecido. Tu serás sempre meu amigo. Terás vontade de rir comigo. E abrirás a janela à toa, por gosto... E teus amigos ficarão espantados de ouvir-te rir olhando o céu. Tu explicarás então: "Sim, as estrelas, elas me fazem rir!"

(O pequeno príncipe – Antoine de Saint-Exupéry)

Dedico este livro às memórias de: meu pai, José Mauricio da Luz; minha mãe, Emídia Alves da Luz; minha irmã, Eva Eleuterio da Luz e de meu sobrinho David Eleuterio da Luz Tomitão, que partiram antes e que nos fazem olhar e sorrir para as estrelas, sempre!

Agradecimentos

A Deus, pela vida.
A minha mãe, Emídia Alves da Luz,
pelo exemplo de força, ternura e sublime amor.
A todos da minha família, por todos os
motivos.

Prefácio

Com as constantes transformações ocorridas no mercado, as empresas dependem cada vez mais da confiabilidade das informações geradas pela contabilidade para que possam antecipar suas decisões e, dessa forma, garantir não só a sua sobrevivência, mas também o seu crescimento e desenvolvimento. Nesse processo, passaram a perceber mais claramente a necessidade de ter à disposição informações consolidadas capazes de fornecer à alta direção todas as ferramentas necessárias para que as decisões tomadas resultassem no atingimento das metas estabelecidas, em alinhamento com a missão da empresa.

Assim, mais precisamente nas três últimas décadas, as empresas passaram a utilizar a controladoria para o exercício dessa atividade de lidar com as informações, cujo responsável, o *controller*, deve ter visão de gestão, de planejamento, de tecnologia, das áreas fiscal e financeira e da contabilidade.

Desempenhando esse papel e atuando de forma sistêmica, a controladoria tornou-se uma importante área de apoio à gestão, fornecendo os instrumentos necessários ao bom direcionamento das decisões, além de conduzir ao envolvimento de todos os membros da organização, desde os níveis mais altos até os operacionais. Com ferramentas que permitem a correta utilização dos recursos materiais e humanos na empresa, as metas estabelecidas ganham maiores chances de serem alcançadas, uma vez que um adequado sistema de informações gerenciais permite o monitoramento do andamento das decisões tomadas, de modo que se processem as correções necessárias, antecipando ações sempre que riscos ou oportunidades se apresentem.

A controladoria não toma as decisões, pois elas cabem aos executivos da empresa. Sua função é fornecer informações da contabilidade financeira e análises da contabilidade gerencial para que os gestores possam tomar as melhores decisões. Nesse contexto, este livro é uma relevante contribuição às discussões sobre a importância da controladoria nas empresas, principalmente porque a sua elaboração advém da larga experiência profissional acumulada pelo autor em importantes empresas brasileiras, além dos vários anos de experiência como docente em cursos de graduação e pós-graduação. A somatória desses fatores faz desta obra um importantíssimo instrumento de ligação entre aqueles que precisam se dedicar ao tema – estudiosos, estudantes, professores, profissionais da área – e as boas práticas que devem ser aplicadas na gestão das empresas.

Boa leitura!

Prof. Adão Eleuterio da Luz, economista, mestre em Finanças, professor de Matemática Financeira e Gestão Financeira em cursos de graduação e de pós-graduação.

Apresentação

Trataremos neste livro do conceito de **controladoria**, com foco na área administrativa responsável pelo planejamento e pelo controle econômico e financeiro de uma organização. Essas informações devem ser oriundas de um Sistema de Informação Gerencial (SIG) bem estruturado, uma vez que a controladoria é a mantenedora desse sistema de informações que irá subsidiar os gestores em suas decisões. Também será estudada a figura do *controller* – o profissional responsável pela controladoria –, seu perfil e as responsabilidades desse cargo.

Nos últimos tempos, percebemos cada vez mais que a **controladoria corporativa** é essencial, seja porque concebe e implementa uma estrutura de informações que permite à organização o planejamento e o controle de seus recursos, seja porque permite o acompanhamento da criação ou destruição de valor de uma organização e suas unidades componentes. Os professores Cláudio Nogas, Érico Eleuterio da Luz e Roberto Marcos Navarro (2002) afirmam que:

O papel da contabilidade estratégica [controladoria] consiste em submeter as atividades das empresas a um planejamento constante, buscando determinar os objetivos a serem cumpridos a curto e longo prazo, com a finalidade principal de assegurar a sobrevivência da empresa. Para que possamos determinar objetivos, temos que fazer, antes, uma análise da situação atual da empresa. Isto é de suma importância para que possamos estabelecer as ações a serem executadas, e que irão possibilitar o sucesso dos objetivos a serem atingidos. O sucesso que se pode obter de um planejamento deve estar em concordância com o que imaginamos ser melhor para a empresa.

O planejamento é um processo orientado para o futuro e as decisões são baseadas em estimativas, explícitas ou implícitas, não sendo um processo único, mas sim a somatória de processos secundários que têm como objeto posicionar-se em um futuro próximo.

A controladoria possibilita aos gestores a compreensão de como as áreas interagem entre si, proporcionando o desenvolvimento de uma visão sistêmica por parte destes.

Como aproveitar ao máximo este livro

Empregamos nesta obra recursos que visam enriquecer seu aprendizado, facilitar a compreensão dos conteúdos e tornar a leitura mais dinâmica. Conheça a seguir cada uma dessas ferramentas e saiba como estão distribuídas no decorrer deste livro para bem aproveitá-las.

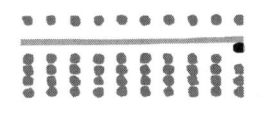

Conteúdos do capítulo:

Logo na abertura do capítulo, relacionamos os conteúdos que nele serão abordados.

Após o estudo deste capítulo, você será capaz de:

Antes de iniciarmos nossa abordagem, listamos as habilidades trabalhadas no capítulo e os conhecimentos que você assimilará no decorrer do texto.

Conteúdos do capítulo:

- Controladoria – *controller*.
- Atribuições do controller.
- O processo de gestão.
- Sistemas de Informações Gerenciais (SIG).

Após o estudo deste capítulo, você será capaz de:

1. compreender o conceito de controladoria;
2. entender a importância da controladoria para a gestão empresarial;
3. evidenciar a relação do sistema de informação gerencial e a controladoria;
4. planejar adequadamente a estrutura da área de controladoria.

Exemplo prático

Nesta seção, articulamos os tópicos em pauta a acontecimentos históricos, casos reais e situações do cotidiano a fim de que você perceba como os conhecimentos adquiridos são aplicados na prática e como podem auxiliar na compreensão da realidade.

Exemplo prático

Em uma universidade particular, no momento da definição das áreas de responsabilidade, deve ser levado em consideração que cada faculdade possui um ou mais produtos, um processo de negócio e um mercado específicos. Essa premissa, ou seja, a especificidade inerente a cada faculdade, permite a caracterização desta como unidade de negócios.

Exercícios resolvidos

Analise o resultado gerado individualmente pelos produtos da indústria de calçados ABC, além do resultado global da empresa. Oriente a empresa quanto à necessidade de descontinuar um produto, tendo em vista a rentabilidade demonstrada no relatório a seguir:

Relatório gerencial de acompanhamento de resultado

Produtos

	Produto 1	Produto 2	Produto 3	Total
Receitas	6.000	2.000	2.000	10.000
Despesas variáveis	(5.000)	(1.100)	(1.000)	(7.100)
Margem de contribuição	1.000	900	1.000	2.900
Despesas fixas – rateio proporcional à receita	(1.350)	(810)	(540)	(2.700)
Lucro operacional	(350)	90	460	200

Solução:

Você percebe pelo relatório que há uma distribuição dos custos fixos proporcionalmente à receita, o que poderá distorcer a análise. Ora, esse critério de distribuição dos custos fixos pode causar injustiças, pois o produto que tem a maior demanda acaba sendo aquele que absorverá o maior valor desses custos, o que, não raras vezes, não tem relação alguma com os recursos econômicos efetivamente consumidos pelo produto. Nesses casos, percebemos que a margem de contribuição é a variável que deve ser utilizada para a decisão e, pela análise desta, não se recomenda o corte de nenhum dos produtos, mas sim uma verificação dos elementos causadores dos custos fixos, como o consumo de energia elétrica, por exemplo.

Exercícios resolvidos

Nesta seção, você acompanhará passo a passo a resolução de alguns problemas complexos que envolvem os assuntos trabalhados no capítulo.

IMPORTANTE!

Bio (1985, p. 44) afirma que a abordagem sistêmica

posiciona os atos do administrador agindo não sobre fatos isolados, mas sobre um conjunto de partes interdependentes. Isto provoca uma nova demanda sobre o administrador em termos de compreensão das consequências de suas decisões, mas, ao mesmo tempo, lhe confere condições muito melhores de entender essas consequências e de agir no sentido de soluções integradas dentro do sistema.

Importante!

Algumas das informações centrais para a compreensão da obra aparecem nesta seção. Aproveite para refletir sobre os conteúdos apresentados.

Síntese

A controladoria precisa se adaptar à gestão que caracteriza a organização. O modelo de gestão existente deve assegurar a otimização dos serviços e produtos oriundos da controladoria. A apreensão adequada dos eventos, combinada com sua mensuração correta, produz informações corretas (logicamente, observado o cumprimento de outros requisitos exigidos para uma informação adequada) que permitirão ao gestor a escolha da melhor alternativa, agregando valor à sua decisão.

Graficamente:

Mensuração adequada ⟶ Informação correta ⟶ Decisão segura

Síntese

Ao final de cada capítulo, relacionamos as principais informações nele abordadas a fim de que você avalie as conclusões a que chegou, confirmando-as ou redefinindo-as.

Perguntas & respostas

Nesta seção, respondemos a dúvidas frequentes relacionadas aos conteúdos do capítulo.

Perguntas & respostas

1. Qual a característica fundamental do modelo de decisão?

   Resposta:

   É a orientação segura na tomada de decisões (usuais, repetitivas) para viabilizar a escolha da melhor alternativa entre diferentes cursos de ação. Os modelos utilizados devem conduzir o decisor para a decisão que agregue maior valor ao negócio.

2. Por que os relatórios contábeis tradicionais (balanço patrimonial e demonstração de resultado do exercício) não se constituem em modelos adequados de apoio às decisões?

   Resposta:

   Porque esses relatórios utilizam critérios de mensuração que são definidos por normas e princípios contábeis. Portanto, poderá haver uma inadequação, para efeito de decisão gerencial, da forma e do conteúdo característicos desses relatórios, necessitando-se, não raro, de ajustes e adaptações para que esses relatórios sejam utilizados como apoio nas decisões.

Questões para revisão

1. Qual a influência do modelo de gestão existente na empresa para um adequado funcionamento da controladoria?

2. Os modelos de decisão que apoiam os gestores são pertinentes e facilitam a gestão das empresas?

Questões para revisão

Ao realizar estas atividades, você poderá rever os principais conceitos analisados. Ao final do livro, disponibilizamos as respostas às questões para a verificação de sua aprendizagem.

Para saber mais

É recomendável uma leitura mais atenta das seguintes obras para reforço dos conceitos que você estudou neste capítulo:

Gomes, J. S.; Salas, J. M. A. **Controle de gestão**. São Paulo: Atlas, 1997.

Mosimann, C. P.; Fisch, S. **Controladoria**: seu papel na administração de empresas. 2. ed. São Paulo: Atlas, 1999.

Nakagawa, M. **Introdução à controladoria**: conceitos, sistemas e implementação. São Paulo: Atlas, 1993.

Para saber mais

Sugerimos a leitura de diferentes conteúdos digitais e impressos para que você aprofunde sua aprendizagem e siga buscando conhecimento.

Estudo de caso

Estudo de caso

Nesta seção, relatamos situações reais ou fictícias que articulam a perspectiva teórica e o contexto prático da área de conhecimento ou do campo profissional em foco com o propósito de levá-lo a analisar tais problemáticas e a buscar soluções.

Este estudo de caso visa contribuir para a aplicação de diversos elementos e conceitos expostos neste livro, implementados e coordenados pela área de controladoria. Esperamos que, com a implantação da controladoria como ferramenta efetiva de apoio às decisões organizacionais, seu modelo de gestão fique estruturado, entre outros, em um adequado e contínuo processo de planejamento, execução, controle e avaliação. Isso permite à organização como um todo e às suas unidades a obtenção da máxima eficácia em resultados, assegurando sua continuidade.

Objeto do estudo: universidade particular

Este estudo tem o objetivo de demonstrar que o setor de educação superior no Brasil, especificamente o ensino particular, atravessa um momento de expansão jamais visto no país. Esse

Controladoria I

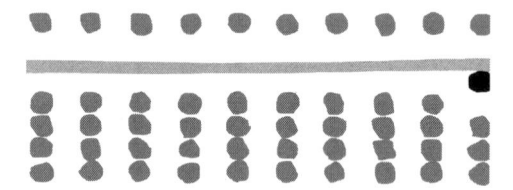

Conteúdos do capítulo:

- Controladoria – *controller*.
- Atribuições do controller.
- O processo de gestão.
- Sistemas de Informações Gerenciais (SIG).

Após o estudo deste capítulo, você será capaz de:

1. compreender o conceito de controladoria;
2. entender a importância da controladoria para a gestão empresarial;
3. evidenciar a relação do sistema de informação gerencial e a controladoria;
4. planejar adequadamente a estrutura da área de controladoria.

Neste capítulo, iniciaremos com o conceito de **controladoria**, tendo como centro a área administrativa responsável pelo planejamento e controle econômico e financeiro de uma organização, com o suporte necessário de um Sistema de Informação Gerencial (SIG), cuja implementação e manutenção é uma das suas atribuições. Também será estudada a figura do *controller* – o profissional responsável pela controladoria –, seu perfil e as responsabilidades desse cargo.

1.1 Conceito

Para Mosimann e Fisch (1999, p. 88), a controladoria pode ser entendida sob dois enfoques: o primeiro a considera um órgão administrativo, com missão, funções e princípios definidos no modelo de gestão do sistema da empresa; o segundo a considera uma área do conhecimento humano com fundamentos, conceitos, princípios e métodos oriundos de outras ciências.

A missão da controladoria é assegurar que a organização tenha acesso a um sistema de informações que habilite os executivos a tomar o melhor curso de ação entre as alternativas apresentadas. A continuidade da empresa depende, pois, de uma controladoria ágil e eficiente.

Ainda conforme os autores citados, a controladoria tem como funções:

- a implementação de sistemas de informação, compreendendo os sistemas contábeis e financeiros;
- a motivação, que analisa os efeitos das políticas e ações de controles sobre o comportamento dos profissionais envolvidos diretamente com os sistemas;
- a coordenação, que procura centralizar as informações objetivando o aceite dos planos e das estratégias traçados pela gestão da empresa;
- a avaliação, que procura interpretar os fatos econômicos e avaliar os resultados, seja por centro de resultado, seja por área de responsabilidade ou desempenho gerencial;
- o planejamento e acompanhamento dos planos, com indicação para correções de possíveis desvios.

Nogas e Luz (2004, p. 66) afirmam que: "É comum a referência à controladoria como sendo responsável por informações para tomada de decisão econômica e que deve estar em sintonia com as funções principais do processo administrativo, como planejar, organizar, coordenar e controlar".

Basicamente, a atuação da controladoria implica o processamento (que compreende uma compilação dos dados e, posteriormente, o tratamento para transformá-los em informações), a análise e a distribuição das informações gerenciais, e não necessariamente a responsabilidade pela elaboração dessas informações, que devem ser preparadas e distribuídas oportunamente dentro da entidade.

Para um melhor desempenho da controladoria, ela deve ser implementada na empresa como um órgão administrativo, ou seja, como uma unidade do organograma, englobando as áreas contábil e de custos, financeira, orçamentária e tributária. Dessa forma, ela poderá executar com eficiência a função de implementar e manter um SIG adequado.

O processo de decisão é fortemente influenciado pela atuação da controladoria, que, por meio da geração e da distribuição de informações, subsidia as ações que dizem respeito ao processo administrativo. A função essencial da controladoria é facilitar o caminho para a otimização dos resultados econômicos, disponibilizando informações oportunas aos gestores.

Nesse sentido, verificamos que as empresas têm se defrontado cada vez mais com um crescimento muito grande de variáveis internas e externas, por exemplo: a intervenção indireta do governo na gestão da empresa por meio de políticas fiscais; a busca de financiamentos e as suas exigências; questionamentos sobre a ética dos negócios; a busca pela melhoria na gestão; o questionamento quanto à participação mais efetiva da contabilidade, para que esta contribua com a informação gerencial e, por conseguinte, gere um melhor gerenciamento das finanças.

Uma situação que merece destaque é o **controle**, pois trata-se de uma etapa importantíssima da tomada de decisão. O controle oferece condições para se analisar as áreas da empresa e para verificar se todos estão atingindo as metas previamente estabelecidas. O controle, como parte do processo administrativo, compreende ações necessárias para garantir se o que foi previamente estabelecido está sendo executado.

Mosimann e Fisch (1999, p. 89) entendem que a controladoria tem por finalidade:

Garantir informações adequadas ao processo decisório, colaborar com os gestores em seus esforços de obtenção da eficácia de suas áreas quanto aos aspectos econômicos e assegurar a eficácia empresarial, também sob aspectos econômicos, por meio da coordenação dos esforços dos gestores das áreas.

A controladoria, como uma das áreas responsáveis pela implantação e manutenção do SIG, também pode ser estruturada como um órgão de *staff*, assessorando diretamente a diretoria administrativo-financeira. O importante é que as informações geradas permitam o acompanhamento dos planos e objetivos traçados, verificando se as metas foram alcançadas em cada unidade da organização. Essa área utiliza uma série de dados – financeiros, econômicos, contábeis, estatísticos ou outros – com o intuito de trabalhá-los e transformá-los em informações.

Tais informações, geradas e distribuídas pela controladoria, serão os subsídios que habilitarão os gestores a tomar as melhores decisões possíveis, com a redução das incertezas na opção entre diversas alternativas, maximizando os resultados individuais e, consequentemente, proporcionando a necessária sinergia organizacional.

1.2 Objetivo

Ao estudarmos o objetivo da controladoria, é necessário fazermos uma reflexão acerca do objetivo de uma empresa. Qual é seu propósito maior, sua missão? A **missão** é decorrente daquilo que a empresa pretende desempenhar num dado cenário social, sendo também influenciada por crenças e valores dos seus dirigentes, por produtos e serviços oferecidos, pelo mercado no qual atua, pela clientela etc. É um objetivo permanente e estratégico, razão de sua existência. A missão não deve constituir-se apenas de uma frase de efeito; ao contrário, deve representar um pensamento organizacional explícito e comum a todos. Num sentido econômico, podemos considerar que a missão, ou o propósito maior de uma empresa, não é o lucro, e sim sua continuidade. O lucro é uma condição para a organização assegurar sua continuidade, mas não pode ser considerado um valor absoluto. O lucro eventual é obtido a partir do desempenho realizado pelas áreas e pelos processos organizacionais. O desempenho, para oferecer um resultado como contribuição máxima à organização, deve ser levado a efeito com eficiência e eficácia, que são atributos mensurados e reportados por relatórios de controle gerencial. A área de controladoria é responsável pela comunicação desses diversos desempenhos (por área, atividade, processo etc.) a toda a organização, possibilitando que, tempestivamente, verifiquem-se distorções que possam comprometer a continuidade do negócio. Há de se ter uma estrutura de sistemas que habilite a controladoria a desincumbir-se dessa tarefa, ou seja, uma combinação adequada de tecnologia (*hardwares* e *softwares*). Essa tecnologia da informação deve estar integrada e permitir a apreensão, o processamento e a comunicação dos eventos econômicos ocorridos em dado período.

A controladoria, portanto, tem o objetivo de manter um SIG adequado, que possibilite a análise de desempenho e o reporte de informações a toda a empresa, de forma a acompanhar e avaliar se a geração de resultados está de acordo com o planejado, possibilitando, como já afirmamos, a correção de possíveis desvios constatados.

Figura 1.1 – Controladoria e controle gerencial

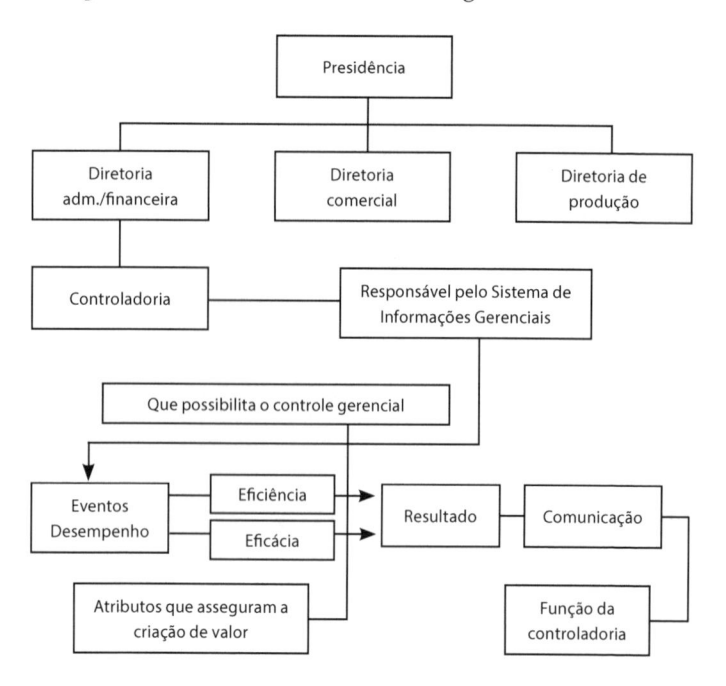

```
                        ┌─────────────┐
                        │ Presidência │
                        └─────────────┘
          ┌───────────────────┼───────────────────┐
   ┌──────────────┐    ┌──────────────┐    ┌──────────────┐
   │  Diretoria   │    │  Diretoria   │    │ Diretoria de │
   │adm./financeira│   │  comercial   │    │  produção    │
   └──────────────┘    └──────────────┘    └──────────────┘

   ┌──────────────┐    ┌──────────────────────────┐
   │ Controladoria│────│ Responsável pelo Sistema de│
   │              │    │  Informações Gerenciais   │
   └──────────────┘    └──────────────────────────┘

              ┌──────────────────────────────┐
              │ Que possibilita o controle gerencial │
              └──────────────────────────────┘

   ┌──────────┐   ┌───────────┐
   │ Eventos  │───│ Eficiência│──┐   ┌──────────┐   ┌────────────┐
   │Desempenho│   ├───────────┤  │──▶│ Resultado│──▶│ Comunicação│
   │          │───│  Eficácia │──┘   └──────────┘   └────────────┘
   └──────────┘   └───────────┘

   ┌──────────────────────┐              ┌──────────────┐
   │ Atributos que asseguram a │          │  Função da   │
   │   criação de valor   │              │ controladoria│
   └──────────────────────┘              └──────────────┘
```

Como podemos notar por meio da Figura 1.1, o objetivo da controladoria é comunicar o reflexo econômico dos eventos para que o objetivo maior da organização seja atingido, ou seja, sua continuidade.

O essencial, quando se pensa em controladoria, é que exista uma área na organização que tenha por objetivo o planejamento e o controle de um sistema de informações que possibilite a mensuração adequada e a produção e a distribuição de informações que sirvam de subsídio ao processo decisório. Se denominaremos tal área de *controladoria* ou qualquer outro nome é de menor importância. É de se supor que empresas de setores diversos, como instituições financeiras (Bradesco, Itaú etc.) e grandes varejistas (Casas Bahia, Carrefour etc.), controlem e mensurem minuto a minuto seus resultados, desagregando-os (por evento e por área) e agregando-os para obterem o resultado empresarial consolidado.

1.3 Funções da controladoria

As áreas (funções) abrangidas pela controladoria delimitam seu escopo de atuação, variando de empresa para empresa. Existem aquelas em que a função financeira intrínseca (tesouraria, contas a receber, contas a pagar) não está compreendida na controladoria. Em outras, é o planejamento e o controle orçamentário é que são áreas independentes.

A seguir, veremos algumas das funções que podem ser exercidas pela controladoria.

1.3.1 Contabilidade

A contabilidade pode ser dividida em:
- societária e fiscal;
- de custos;
- gerencial.

A **contabilidade societária e fiscal** tem como função a contabilização e a divulgação de informações contábeis conforme a lei societária (Lei n. 6.404/1976) e os princípios e normas que a regulamentam. Seus relatórios destinam-se a usuários externos (fornecedores, bancos, comissão de valores mobiliários, acionistas e outros).

A **contabilidade de custos** computa, controla e reporta valores relativos aos custos de produtos e serviços. Os critérios utilizados são voltados à avaliação de estoques para fins fiscais e para o cálculo dos custos que serão considerados na formação de resultados.

A **contabilidade gerencial** compreende as funções de processamento e comunicação de informações gerenciais para usuários internos – ou seja, os diversos gestores organizacionais –, não estando sujeita a quaisquer normas ou padrões de mensuração dos eventos econômicos reportados. É dela que se extraem os relatórios gerenciais que serão utilizados na análise e no acompanhamento do desempenho e nos resultados das atividades e dos processos operacionais.

Para o adequado funcionamento de uma área de controladoria, é essencial o apoio da alta gestão da empresa. A cúpula e as gerências intermediárias devem perceber a nobre missão dessa área e os benefícios advindos de sua implantação.

Além do apoio dos maiores escalões da empresa, requer-se igualmente a existência de um SIG que permita o controle e a avaliação adequados das operações. Deve-se definir o escopo de atuação da área, ou seja, quais funções serão exercidas e qual será sua abrangência em termos das outras áreas. O empreendedor deve se assegurar de que existe uma saudável política de planejamento e de controle de recursos em seu negócio. A existência de uma área administrativa denominada *controladoria* não é necessariamente obrigatória, pois, nas pequenas e médias empresas, a própria contabilidade é feita externamente.

É preciso haver um sistema de informação que habilite a gestão para as melhores decisões possíveis, a fim de maximizar o valor do empreendimento. Deve-se ter um conhecimento razoável da capacidade de geração de lucros e caixa do negócio; caso contrário, navega-se às escuras. Ressaltamos que um bom nível de informação não assegura a continuidade do empreendimento, mas possibilita um conhecimento antecipado de possíveis problemas que poderão afetá-lo no presente e no futuro, possibilitando ações corretivas em tempo hábil.

1.3.2 Orçamento

O **orçamento** é definido como um plano administrativo que abrange todas as fases das operações para um período futuro definido, representando a expressão formal de políticas, planos, objetivos e metas estabelecidos pela alta administração para a empresa como um todo, bem como para uma de suas subdivisões. No orçamento, ou planejamento operacional, são definidas as políticas e metas operacionais da organização.

Podemos relacionar alguns tipos de orçamento:
- de resultado;
- de investimentos;
- de caixa;
- estudos de viabilidade econômica de projetos.

1.3.3 Financeiro

Algumas áreas de responsabilidade do financeiro são:
- contas a pagar;
- contas a receber;
- fluxo de caixa;
- aplicações de recursos;
- alternativas de fontes de financiamentos.

A área **financeira** vem, cada vez mais, desempenhando um papel de fundamental importância nas empresas. As principais atividades do gerente financeiro são:
- fazer análise e planejamento financeiros;
- tomar decisões de investimento;
- tomar decisões de financiamento.

O administrador financeiro deve, portanto, orientar a posição financeira da empresa (a curto, médio e longo prazos), verificar a necessidade de aumento da capacidade produtiva, definir o tipo adequado de financiamento adicional que deve ser feito, bem como a estrutura adequada de ativos da empresa.

Um aspecto também de grande importância é saber identificar, em um determinado momento e com precisão, as melhores fontes de financiamento para a empresa, em termos de prazos, custos e garantias. Às vezes, é claro, necessidades ou circunstâncias momentâneas podem reduzir a possibilidade de melhor avaliação, pois a disponibilidade e a acessibilidade de crédito são influenciadas por variáveis internas e externas à empresa.

Em resumo, podemos considerar que as funções da área financeira são:
- obter recursos monetários destinados ao desenvolvimento e à expansão das operações das empresas;
- maximizar os recursos disponíveis, tanto no que tange à sua obtenção quanto na sua utilização nas diversas áreas de consumo;
- analisar a *performance* financeira e econômica da empresa no que diz respeito ao resultado monetário gerado pelos eventos financeiros.

À controladoria, portanto, cabem as seguintes funções:
- **auxiliar na definição do planejamento para o controle das operações**, como planejamento de lucros, definição de metas de investimentos e respectivos financiamentos, previsões de vendas, orçamentos, definição de padrões e dos procedimentos de execução para assegurar o melhor desempenho;
- **produzir e distribuir informações**, procurando, igualmente, participar na interpretação dos resultados das operações, da comparação entre os planos traçados e os padrões estabelecidos; definir a política contábil e a geração e distribuição dos relatórios. É da controladoria também a atribuição da definição de uma adequada política e um adequado planejamento tributários; a produção de informações para cumprimento de aspectos legais emanados das autoridades governamentais; a proteção dos ativos mediante a definição de um adequado sistema de controle interno.

Figura 1.2 – Estrutura e funções da controladoria

```
                    Controladoria
                         |
                    Sistema de
                informações gerenciais
                         |
        ┌────────────────┴────────────────┐
   Planejamento                      Escrituração
   e controle
```

- Discussão de planos e estratégias
- Orçamento
- Estudos de viabilidade econômica e financeira
- Análise gerencial de custos
- Contabilidade por responsabilidade – divisional
- Relatórios gerenciais
- Acompanhamento do negócio

- Contabilidade societária
- Controle patrimonial
- Controle de impostos

FONTE: Padoveze, 2004, p. 37.

Pela Figura 1.2, percebemos que a controladoria inicia seu trabalho participando do estudo e da definição dos planos e das estratégias (planejamento estratégico), sendo responsável pela coordenação do orçamento, que representa a quantificação dos planos previamente estabelecidos.

À medida que o orçamento é divisionalizado (responsabilizando-se cada gestor pelo desempenho de sua respectiva área), cabe à controladoria controlar o cumprimento (eficiência e eficácia) dos objetivos e metas estabelecidos para cada uma dessas áreas. Pense em um hotel. Cada quarto pode ser enquadrado na estrutura organizacional, para efeito de controle gerencial, como um legítimo centro de resultados, e a controladoria, por meio da codificação proporcionada pelo SIG, irá mensurar e comunicar a contribuição dessas unidades ao resultado global da empresa.

1.4 O processo de gestão e a figura do *controller*

O processo de gestão, que compreende as fases de planejamento, execução e controle, tem na figura do *controller* a responsabilidade pelo acompanhamento do fluxo natural das atividades e dos processos que o compõem. Embora não seja da responsabilidade desse profissional a implantação de cada uma das etapas do processo, espera-se que a controladoria acompanhe e oriente a organização quanto aos aspectos que eventualmente destoem do que foi previamente estabelecido nos planos.

1.4.1 O processo de gestão

O processo de gestão deve ser o elemento de integração entre os objetivos específicos e os objetivos globais de uma organização, servindo, dessa forma, como apoio ao processo de tomada de decisão e atingindo seus objetivos por meio das funções de planejamento estratégico, planejamento operacional, programação, execução e controle.

A missão da empresa decorre do papel que ela deseja desempenhar no cenário econômico e social e das crenças e valores das pessoas que a dirigem, e contempla os seguintes pontos: valores fundamentais da entidade; produtos e serviços oferecidos; mercado de atuação e clientela a ser atendida. Esses pontos devem ser destacados de forma ampla, genérica e flexível, tendo em vista que a missão é um objetivo permanente do sistema empresarial. Concluímos, assim, que a missão da empresa se refere à razão de sua existência e funciona como elo que integra suas partes, constituindo-se objetivo permanente e essencial para sua atuação e continuidade. Essa missão deve ser explicitada.

As funções do *controller*, como membro do grupo administrativo e responsável pela manutenção do controle gerencial, incluem as atividades de assistência no estabelecimento de padrões e orçamentos que exprimam os objetivos para os quais se orienta o esforço de controle. Essa assistência toma a forma de avaliação financeira dos objetivos propostos e de alinhamento com os objetivos de lucro da empresa.

No processo de gestão, deve ser ressaltada ainda a função de organização e operação de um sistema de controle gerencial que meça o desempenho, separando os itens relevantes e comunicando-os à administração. Como o controle é exercido por indivíduos, é o plano de organização da empresa que deve servir de guia para a classificação dos dados e das informações que sirvam de base ao empenho da administração para manter tal controle.

Além disso, o relato das operações deve ser apresentado conjuntamente com os planos operacionais que geraram tais dados. Em outras palavras, os resultados, para poderem servir às finalidades do controle, deverão ser identificados com o gestor responsável, devendo também ser comparados com o que foi previamente planejado.

O processo de gestão deve contemplar, com grande ênfase, a orientação do grupo administrativo, visando a uma crescente consciência da necessidade de controles financeiros e de melhores técnicas no uso desses meios.

Esse processo configura-se com base nas definições do modelo de gestão da organização e, por isso, assume diversas formas na realidade das empresas. O processo de gestão deve conduzir a organização ao cumprimento das metas e dos objetivos traçados no momento de seu planejamento. Esse processo deve observar o fluxo natural do processo decisório, ou seja, a identificação, a avaliação e a opção por alternativas que conduzam à eficácia econômica.

Um objetivo é a definição da posição em que a empresa deve estar num futuro estabelecido, cuja meta principal deve ser a maximização dos lucros dos proprietários sobre o valor investido, visando, como já afirmamos, à continuidade das operações.

A operacionalização do planejamento torna-se possível por meio da elaboração de orçamentos, que podem ser vistos como uma série de objetivos estabelecidos para curto e longo prazos, devendo contemplar alguns pressupostos como o percentual de retorno aos acionistas (após o IR) e o prazo especificado (durante cinco anos, por exemplo).

Entendemos que a correta definição dos objetivos é indispensável para que a empresa atraia os capitais suficientes à expansão das suas atividades da maneira planejada.

Figura 1.3 – Processo de gestão: visão analítica

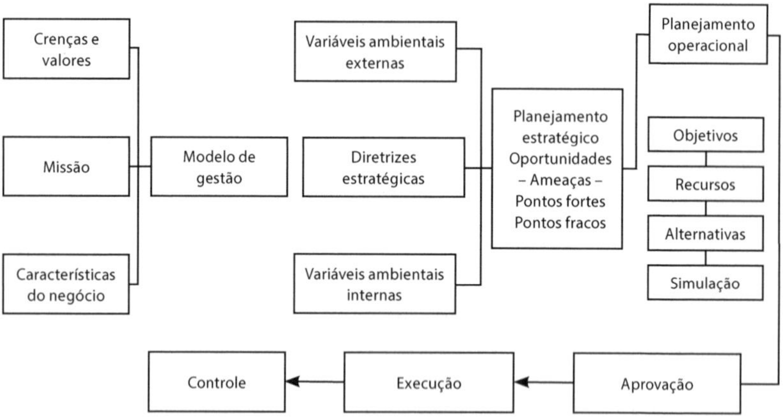

```
┌─────────────┐                    ┌─────────────────┐                           ┌──────────────┐
│  Crenças e  │                    │Variáveis ambientais│                        │ Planejamento │
│   valores   │                    │    externas     │                           │  operacional │
└─────────────┘                    └─────────────────┘                           └──────────────┘
                                                      ┌─────────────────┐
                                                      │   Planejamento  │       ┌──────────────┐
┌─────────────┐    ┌──────────┐    ┌─────────────────┐│    estratégico  │       │   Objetivos  │
│    Missão   │────│Modelo de │────│    Diretrizes   ││  Oportunidades  │       ├──────────────┤
│             │    │  gestão  │    │   estratégicas  ││   – Ameaças –   │       │   Recursos   │
└─────────────┘    └──────────┘    └─────────────────┘│  Pontos fortes  │       ├──────────────┤
                                                      │  Pontos fracos  │       │ Alternativas │
                                                      └─────────────────┘       ├──────────────┤
┌─────────────┐                    ┌─────────────────┐                          │  Simulação   │
│Características│                  │Variáveis ambientais│                       └──────────────┘
│  do negócio │                    │    internas     │
└─────────────┘                    └─────────────────┘

              ┌──────────┐      ┌──────────┐      ┌──────────┐
              │ Controle │ ◄─── │ Execução │ ◄─── │ Aprovação│
              └──────────┘      └──────────┘      └──────────┘
```

Fonte: Padoveze, 2004, p. 29.

1.4.2 O *controller*: perfil e atribuições

O **controller** é o responsável pela controladoria. Tem como papel fundamental a implementação e a manutenção de um SIG que permita o acompanhamento sistemático das políticas e dos planos traçados pela organização em todos os níveis – operacionais, táticos e estratégicos. As informações produzidas e gerenciadas pelo *controller* devem possibilitar as sinergias necessárias para que os resultados esperados sejam alcançados.

Conforme Anthony (1974, p. 287):

O *controller* é responsável pelo projeto e funcionamento do sistema por meio do qual se coleta e relata a informação de controle, porém o uso desta informação no controle real é responsabilidade da administração de linha. O *controller* é algo mais que um contador e algo menos que um diretor principal.

Esse profissional deve procurar obter a otimização no uso do SIG, efetuando os ajustes necessários para que esse sistema possa ser efetivamente utilizado pelos gestores para suas tomadas de decisões.

Alguns conhecimentos são essenciais ao *controller*, como uma visão clara, global e particularizada do negócio.

Conhecimentos de sistemas de informações são igualmente requeridos, assim como uma sensibilidade no trato de questões humanas e sociais na organização, pois agregar informações por meio da relação entre os colaboradores é uma de suas tarefas. Essa sinergia faz com que a empresa busque sempre os melhores resultados.

A função do *controller* compreende a estruturação, o preparo e a análise das informações geradas e, apesar de a elaboração dessas informações não ser necessariamente de sua responsabilidade, ele deve assegurar que tais informações sejam preparadas e distribuídas tempestivamente dentro da organização. Dessa forma, espera-se que esse profissional aja diretamente ligado à cúpula administrativa, preparando e oportunizando as informações necessárias para as tomadas de decisões.

A função do *controller* é importantíssima dentro do processo decisório, pois ele é o responsável tanto pelo fluxo das informações dentro da empresa como pela avaliação dessas informações, sua mensuração e comparação com padrões.

Conforme Mosimann e Fisch (1999, p. 93):

O *controller*, na desincumbência de suas funções, deve ter a seguinte atuação em relação ao sistema de informações: identificar os eventos que ocorrem na empresa; identificar as decisões que são tomadas na empresa; identificar os modelos de decisão dos gestores e participar da elaboração dos modelos de decisão do sistema de informações; identificar as informações que são necessárias para suprir os modelos de decisão, onde e como buscá-las; identificar os modelos de mensuração e participar de sua elaboração; elaborar o modelo de comunicação ou informação.

O *controller*, para que possa subsidiar as demais unidades no gerenciamento de valores econômicos em suas respectivas áreas, necessita realizar levantamentos de dados continuamente para poder ter uma visão global da situação. Para isso, ele se utiliza, numa escala bastante grande, de dados que são fornecidos pelo SIG e que irão ajudá-lo a tornar a informação um instrumento de muito valor na tomada de decisão.

1.5 Sistema de Informações Gerenciais (SIG): conceitos básicos

A informação tem como função principal influenciar decisões, permitindo o uso eficiente dos recursos (humanos, materiais e tecnológicos) à disposição de uma organização. **Informação** refere-se a um tratamento especial que se dá a dois ou mais dados à disposição do executivo. **Dado** é um objeto ou evento que, isoladamente, não propicia a compreensão adequada de um determinado fato ou situação.

A conversão do dado em informação permite ao executivo um posicionamento mais claro perante uma situação ou problema, habilitando-o a uma decisão. Esse processo de conversão, quando tem a intenção de gerar informações que serão utilizadas no processo decisório da empresa, é o chamado *Sistema de Informações Gerenciais* (SIG).

Com a informação, buscamos a redução da incerteza diante de uma decisão que precisa ser tomada. Para isso, ela deve conter características próprias, como **oportunidade, confiabilidade e utilidade**. Informação é um elemento cuja finalidade essencial é permitir aos gestores a tomada de decisões em busca do melhor uso dos recursos e o cumprimento da missão empresarial. As funções de planejamento, organização, direção e controle têm seu desempenho facilitado pelo uso da informação. A tomada de decisão refere-se à conversão das informações em ação, concluindo-se, assim, que decisão é uma ação tomada com base no uso das informações.

A captação, o registro, o processamento e a distribuição da informação dependem da tecnologia utilizada pelas organizações. Uma adequada tecnologia da informação pode resultar em ganhos econômicos significativos para os negócios, embora a tecnologia em si, no sentido de máquinas e *softwares*, não garanta um alinhamento entre o SIG e as estratégias desenhadas pelas empresas.

As informações são recursos vitais para a pretendida continuidade das entidades, posto que as mudanças tornam-se cada vez mais rápidas e afetam sobremaneira o ambiente em que se situam. Dentro das empresas há uma geração muito grande de informações, e saber usá-las como ferramenta para a tomada de decisão é uma questão de visão estratégica do gestor.

Dentro dessa visão, existe uma relativa dificuldade para o gestor escolher a informação adequada, tendo em vista a abundância de informações que muitas vezes se observa. Ainda segundo essa mesma visão, o valor da informação está associado ao seu uso final, ou seja, sua utilidade efetiva, para que dentro de um contexto possa ser relacionada e interpretada para transmitir conhecimento e permitir a tomada de decisão de forma otimizada. Isso posto, pode-se afirmar que a informação produzida que não seja oportunizada em tempo hábil para o usuário efetivar certa decisão perde todo o seu sentido. Deve ter a capacidade de reduzir incertezas no momento da efetiva decisão, nem antes, nem depois.

A geração da informação se dá pelo tratamento e pela estruturação de dados, significando o produto final do sistema de informações, e deve ser apresentada na forma e no conteúdo adequados aos seus usuários, sendo meio e fim de um processo que busca a racionalização no uso dos recursos.

1.5.1 Conversão de dados em informações

Para Oliveira (1997, p. 34), "informação é o dado trabalhado que permite ao executivo tomar decisões". Dado e informação são distintos, e essa diferença é relevante para a contabilidade e a controladoria.

Dados são objetos ou eventos que, de forma isolada, não permitem uma análise da situação ou um posicionamento mais seguro do decisor. Por exemplo: o valor da receita bruta de determinado mês.

Informação é uma combinação de alguns dados que provoca certa reação na pessoa que a recebe. Por exemplo: ao relacionarmos o lucro líquido com a receita bruta, teremos uma medida de lucratividade, ou seja, uma informação.

As informações contábeis muitas vezes não são utilizadas como um instrumento produtivo devido à maneira como são apresentadas, ou seja, os gestores das empresas que precisam tomar decisões rápidas as recebem como se fossem um aglomerado de dados, que acabam se tornando inúteis. Quando da transformação de dados contábeis em informações, há que se tomar o cuidado em apresentá-las numa linguagem que dê ao gestor condições de entendê-las. As informações apresentadas não devem ser apenas quantitativas, mas também qualitativas, tornando-se assim um verdadeiro suporte à tomada de decisão.

Na verdade, a compreensibilidade da informação é um atributo essencial para o melhor uso que se pode fazer delas.

1.5.2 O que é um sistema de informações?

O sistema de informações deve dar o suporte necessário para a tomada de decisões pela gestão empresarial. Conforme Mosimann e Fisch (1999, p. 54):

Sistema de informações pode ser conceituado como uma rede de informações cujos fluxos alimentam o processo de tomada de decisões, não apenas da empresa como um todo, mas também de cada área de responsabilidade. O conjunto de recursos humanos, físicos e tecnológicos que o compõe transforma os dados captados em informações com a observância dos limites impostos pelos usuários quanto ao tipo de informação necessária a suas decisões, condicionando, portanto, a relação dos dados de entrada. Tais limites evidenciam a intenção dos usuários quanto à determinação dos sacrifícios que devem ser feitos para se obter um retorno esperado de suas decisões, tomadas em condições de incerteza.

O conceito apresentado evidencia que os gestores e o *controller* devem estar atentos para um problema que, de certa forma, aflige os gestores atualmente: a quantidade de informações geradas nas empresas. Essa elevada carga de dados e informações traz, muitas vezes, mais problemas que soluções, devido à dificuldade de se identificar claramente o que se configura como um simples dado e o que poderá ser qualificado como uma informação de qualidade.

Sistema de informações contábeis (SIC), para Moscove, Simkin e Bagranoff (2002, p. 24), é o "subsistema de informações dentro de uma organização que acumula informações de vários subsistemas da entidade e comunica-as aos interessados".

O objetivo principal de um SIC é proporcionar aos gestores a otimização no uso dos recursos, pois o propósito básico de um sistema de informações é habilitar a organização a alcançar seus objetivos pelo uso eficiente dos recursos disponíveis.

Dois grupos diretamente relacionados compõem um SIC:

1. **Sistema de apoio às operações:** processa transações operacionais, como compras, contas a pagar, estoques, faturamento e contas a receber.

2. **Sistema de apoio à gestão:** auxilia nos processos decisórios, gerando relatórios e informações e apoiando os gestores quando das decisões efetivadas.

Essa divisão está exemplificada na Figura 1.4 a seguir:

Figura 1.4 – Estrutura do Sistema de Informações Contábeis (SIC)

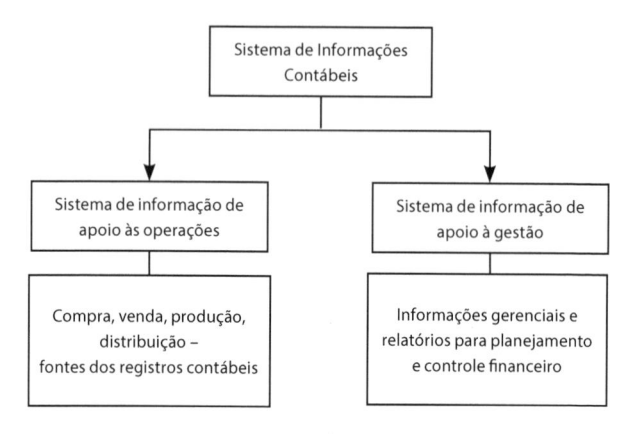

```
                    Sistema de Informações
                          Contábeis
                    ┌──────────┴──────────┐
        Sistema de informação de    Sistema de informação de
          apoio às operações           apoio à gestão

        Compra, venda, produção,    Informações gerenciais e
             distribuição –         relatórios para planejamento
        fontes dos registros contábeis   e controle financeiro
```

O **sistema de informação de apoio às operações** trata do planejamento e controle das diversas áreas operacionais da empresa.

Por outro lado, a função do **sistema de informação de apoio à gestão** é produzir, controlar e informar questões relacionadas a aspectos financeiros da empresa, tendo como objetivo auxiliar no planejamento, no controle e na avaliação de desempenho do negócio.

O funcionamento adequado do SIC depende de uma perfeita interação entre esses dois sistemas. Eles são interdependentes, posto que um problema no sistema de informações de apoio às operações poderá resultar em informações incorretas, que serão contempladas nos relatórios gerados pelo sistema de informações de apoio à gestão. Por exemplo: problemas no controle interno na área de compras podem causar distorções nas informações constantes nos relatórios financeiros.

Subsistemas são as partes em que se divide um dado sistema. Um sistema de informações será composto de tantos subsistemas quantos sejam necessários para cumprir os seus objetivos propostos.

1.5.3 Abrangência do Sistema de Informações Gerenciais (SIG)

O que se percebe no dia a dia é uma relativa confusão entre os conceitos de sistemas de informação e tecnologia da informação, ou seja, entre computadores e *sofwares*. Estes são meios ou recursos de processamento que, sozinhos, não asseguram a disponibilização de boas informações para os propósitos gerenciais. O **sistema de informações administrativo-contábil--financeiras** se restringe mais ao nível operacional da empresa, ou seja, as informações são mais limitadas, ao passo que o **SIG** contempla a empresa como um todo, produzindo e distribuindo informações a todos os níveis administrativos dela.

A visão sistêmica – ou holística – por parte dos gestores é extremamente importante, pois as empresas deverão ser cada vez mais competitivas e eficientes a partir do uso da informação como uma ferramenta estratégica, e a utilização de informações com qualidade se dá pelo estudo, pela implantação e pela execução de um SIG que contemple todas as informações que fazem parte de cada área envolvida.

Os gestores, por meio do SIG, têm condições de fazer projeções quanto a eventos que possam ocorrer e vir a prejudicar os resultados esperados. Essas análises permitem aos gestores executar novas medidas, efetuando possíveis correções que se façam necessárias.

Portanto, pelo exposto neste capítulo, percebemos que o sistema não deve ficar atrelado apenas a uma atividade ou a uma área específica; ao contrário, deve ser abrangente, envolvendo toda a empresa como forma de subsidiar os gestores quando da tomada de decisão.

1.6 Sistema de Informações Gerenciais (SIG): planejamento e controle

A controladoria preocupa-se com o processamento e a distribuição de informações acerca de uma série de processos organizacionais relevantes. Portanto, é da controladoria a missão de efetuar um acompanhamento sistemático do reflexo econômico e financeiro das ações executadas pelos gestores divisionais. Para atingir esse fim, é necessária uma boa base de tecnologia de informação (*hardware* e *software*) combinada com um **SIG** adequado, possibilitando a mensuração da eficácia e da eficiência dos processos.

Sistema é um conjunto de partes (componentes ou subsistemas) que interagem com o objetivo de atingir um fim comum. A captação dos dados, bem como seu respectivo tratamento, e ainda a produção e a distribuição das informações, são objetivos primordiais de um sistema de informações que seja útil à gestão empresarial. As ações levadas a efeito pelos executivos são dependentes, na sua eficácia e em seu desempenho, da agilidade e da acurácia do sistema.

Quando os sistemas interagem com o ambiente, são considerados **sistemas abertos**. A empresa é um sistema aberto. **Ambiente**, na visão de Oliveira (1997, p. 25), "é o conjunto de elementos que não pertencem ao sistema, mas qualquer alteração no sistema pode mudar ou alterar os seus elementos e qualquer alteração nos seus elementos pode mudar ou alterar o sistema".

As empresas estão buscando ou criando cada vez mais mecanismos de controle e de avaliação como forma de se tornarem competitivas ou de se manterem no mercado. A utilização de todas essas ferramentas faz com que a compreensão das empresas se torne bastante complexa como um todo. Um meio eficaz de se tentar compreender, analisar, sugerir, implantar e implementar mudanças, manter e criar controles e desenvolver novas estratégias nas empresas é o estudo e a utilização dos conceitos de sistemas, que proporcionam aos seus gestores uma série de raciocínios que lhes dão condições de questionar, discutir e visualizar a empresa de uma maneira diferente, como forma de poder entendê-la melhor.

As organizações desenvolvem uma série de atividades que irão formar o produto final da instituição. **Atividade** é uma combinação de pessoas, tecnologias, matérias-primas, métodos e meios que produzem determinado produto ou serviço.

Para que possamos ter uma noção do sistema global da instituição, necessitamos estudar suas atividades de compras, vendas, informática, recursos humanos e serviços de apoio separadamente.

É importante que cada gestor desenvolva uma visão do todo da organização, além do entendimento de sua área específica. Essa é a **visão sistêmica**, que é a compreensão do todo, embora sem descuidar da análise de suas partes. Para que os gestores possam ter uma visão da organização como um todo, faz-se necessário que as suas atividades individuais tenham sido estudadas, dando-lhes, assim, condições de estruturar, planejar e tomar decisões com segurança.

O sistema não será útil se não houver, por parte de seu usuário, o desejo de utilizá-lo efetivamente. É importante que se faça um levantamento de qual a necessidade da empresa em desenvolver o sistema e de quais os objetivos que se pretende atingir para, então, buscar os dados que serão as entradas do sistema, trabalhá-los e transformá-los em informações, as quais serão as saídas do sistema.

Deverá ocorrer uma verificação da relevância da informação gerada para a empresa. Caso não seja relevante, ela deverá novamente ser trabalhada, obedecendo todas as etapas até que seja considerada uma informação com qualidade.

Assim como a empresa é um sistema aberto, que influencia o ambiente externo e é por ele influenciada, os SIGs devem, além de procurar fornecer todas as informações necessárias sobre a empresa e suas áreas específicas e atividades, estar abertos às informações que vêm do ambiente externo, processando--as e devolvendo-as ao mercado. O enfoque da empresa como sistema aberto facilita a melhor compreensão das noções de eficácia e eficiência. O conceito de **eficácia** está vinculado à obtenção de resultados. É a solução correta para determinado problema ou determinada necessidade e define-se pela relação entre os resultados almejados e aqueles efetivamente obtidos. O SIG deve, quando do seu estudo, apresentar informações que ofereçam condições de se fazer comparações com concorrentes, produtos, pesquisas de necessidades mercadológicas etc. Dessa forma, o sistema estará contribuindo para que a empresa seja eficiente e eficaz na utilização de seus recursos, contribuindo sobremaneira na busca de melhores resultados para a empresa.

A **eficiência** prescreve aos métodos utilizados o que deve ser feito. Ela é medida pela relação entre os volumes produzidos de produtos e serviços e os recursos despendidos. Uma empresa mensura sua eficiência pela comparação entre o volume de produção obtido e o montante de recursos consumidos. A **eficácia** de uma empresa está no seu atendimento às necessidades do ambiente, tanto quantitativa quanto qualitativamente. A eficiência, nesse caso, está na quantidade de recursos despendidos no processamento interno ao sistema para produzir um volume de produtos, bens ou serviços.

No entendimento do que é uma empresa, muitos autores utilizam a visão sistêmica, mostrando a interação entre os elementos externos e internos e a influência que uns exercem sobre os outros.

Muitas vezes, devido ao volume das atividades exercidas pela empresa internamente, pode-se até esquecer sua interação com o meio externo. No entanto, quando a empresa passa a analisar com quais entidades se relaciona, verifica que sua interação é bastante expressiva, tanto internamente quanto com o ambiente externo.

> **IMPORTANTE!**
>
> Bio (1985, p. 44) afirma que a abordagem sistêmica
>
> posiciona os atos do administrador agindo não sobre fatos isolados, mas sobre um conjunto de partes interdependentes. Isto provoca uma nova demanda sobre o administrador em termos de compreensão das consequências de suas decisões, mas, ao mesmo tempo, lhe confere condições muito melhores de entender essas consequências e de agir no sentido de soluções integradas dentro do sistema.

O SIG deve proporcionar a visão sistêmica, uma percepção da corporação como um todo, pois, desse modo, a análise e a resolução dos problemas serão bem mais consistentes.

1.7 O que é uma informação gerencial

Para que a **informação gerencial** possa atender ao seu objetivo, que é o de ser útil ao usuário, ela não pode ser apenas superficial, devendo o sistema oferecer informações que deem condições de se ter uma visão macro da empresa, de forma que seja possível analisar todo o seu contexto por meio da integração entre as áreas.

Cabe ao usuário da informação, independentemente do seu cargo dentro dos níveis hierárquicos da empresa, estar atento quanto aos dados que são fornecidos para o sistema. Uma inserção de determinado dado de forma errada trará problemas para as informações geradas a partir do seu processamento, comprometendo a eficácia da decisão.

Muito se discorre sobre a informação gerencial. Temos que **informação** é uma combinação de dados ou quaisquer elementos que, isoladamente, não induzem o gestor a uma ação. Portanto, tem como função essencial a motivação do gestor para agir. Quando a informação cumpre determinados requisitos que a tornam útil para uma decisão, dizemos que é uma *informação gerencial*. Nesse caso, ela conduz o decisor a uma ação que agrega valor à empresa.

O fluxograma a seguir (Figura 1.5) demonstra de forma mais técnica o pressuposto de utilizar a informação para uma melhor decisão.

Figura 1.5 – Características da informação gerencial

```
                          ┌──────────────────────────────┐
                          │ Responsáveis pelas tomadas   │
                          │ de decisões                  │
                          └──────────────┬───────────────┘
                                         │
┌──────────────────────┐                 ▼
│ Restrição geral      │──────▶ ┌──────────────────────┐
└──────────────────────┘        │ Benefício > Custo    │
                                └──────────┬───────────┘
┌──────────────────────┐                   │
│ Qualidades específicas│──────▶ ┌─────────▼───────────┐
│ a usuários           │        │ Compreensibilidade  │
└──────────────────────┘        └──────────┬──────────┘
┌──────────────────────┐                   │
│ Qualidades específicas│──────▶ ┌─────────▼───────────┐
│ a decisões           │        │ Utilidade na tomada │
└──────────────────────┘        │ de decisões         │
                                └──────────┬──────────┘
                          ┌────────────────┴────────────────┐
                          ▼                                 ▼
                    ┌───────────┐                    ┌───────────────┐
                    │ Relevância│                    │ Confiabilidade│
                    └───────────┘                    └───────────────┘

            1. Oportunidade                    4. Verificabilidade
            2. Valor preditivo                 5. Fidelidade de
            3. Valor como feedback                representação
                                               6. Neutralidade

        ┌────────────────────────┐          ┌───────────────┐
        │ Limite de reconhecimento│─────────│ Materialidade │
        └────────────────────────┘          └───────────────┘
```

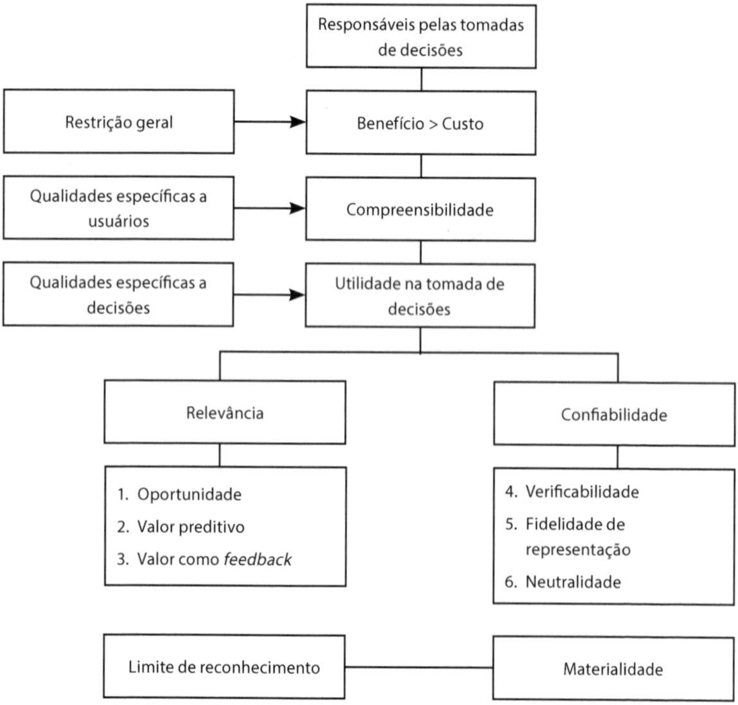

Fonte: Hendriksen; Breda, 1999, p. 91.

Podemos entender, pela figura disposta anteriormente, que o início de um pensamento gerencial em contabilidade se dá pela figura do usuário. É ele que, agindo gerencialmente, vai necessitar de informações que subsidiem suas decisões. A área de controladoria, responsável pela implementação do sistema de contabilidade gerencial, verificará se é possível atender ao solicitado pelo usuário, observando a relação custo *versus* benefício da informação, objeto da solicitação. Não obstante as dificuldades que encontramos para avaliar tal relação, é importante que não percamos de vista essa análise, pois, se ela for desfavorável, devemos descartar a possibilidade de construção dessa informação.

Se o benefício da informação é maior que seu custo de processamento e distribuição, devemos, na sequência, avaliar sua compreensibilidade, ou seja, a condição que essa informação proporciona de ser efetivamente compreendida pelo usuário, o qual poderá, nesse caso, fazer dela um melhor uso. A compreensibilidade deve ser analisada também em relação ao perfil do usuário, pois seguidamente percebemos que a não compreensão ou uma compreensão limitada das informações em um relatório gerencial ocorre em virtude de falta de preparo do usuário, e não necessariamente por características intrínsecas às informações. Nesse caso, recomenda-se um treinamento prévio para as pessoas que utilizarão os relatórios.

Se a informação é compreensível, então podemos considerar que ela poderá ser útil nas tomadas de decisões. Por que somente "poderá" ser útil? Porque precisamos verificar se ela contém características que a tornam segura e eficaz para motivar adequadamente uma decisão. Primeiro, analisa-se sua relevância, ou seja, a sua importância para sugerir o melhor caminho entre as alternativas disponíveis ao decisor. A relevância é percebida quando a informação é oportuna, requisito também chamado de *tempestividade*. É a informação que está disponível no momento adequado para a decisão. A oportunidade é avaliada também com relação ao valor preditivo da informação, melhor dizendo: se toda decisão tem impacto futuro, então toda informação tem que observar os impactos dessas decisões para um dado futuro almejado. Relatórios orçamentários são exemplos disso; relatórios que informem as margens de contribuição de produtos e serviços, também.

A **confiabilidade** é outro atributo que deve ser verificado como inerente a uma informação gerencial. Uma informação é confiável quando pode ser "rastreada", testada. Nisso reside a importância de que as informações sejam produtos de sistemas estruturados de informações, possibilitando o acesso e a reconstrução destas no momento que desejarmos. A fidelidade de representação significa que, na medida do possível, os valores monetários que representam os eventos e elementos informados, por exemplo, devem expressar o mais fielmente a essência econômica desses elementos. Esse aspecto fica facilitado na contabilidade gerencial porque ela não está sujeita a critérios padronizados de avaliação monetária, como ocorre com a contabilidade financeira.

Neutralidade é uma característica importante, pois recomenda-se que a informação gerencial promova a motivação do gestor para decidir pelo seu conteúdo e sua forma, e não por eventuais distorções motivadas por interesses escusos de determinada pessoa ou área.

O limite para o tratamento e o reconhecimento de uma informação é sua materialidade. Se o valor do elemento informado é imaterial, não devemos, por uma questão de objetividade e racionalização de custos, dar a ele um tratamento especial. Não devemos esquecer, entretanto, que **materialidade** é um conceito que deve ser verificado caso a caso. Um determinado valor pode ser imaterial para o Banco Bradesco, por exemplo, mas constituir um valor significativo para uma pequena empresa.

Síntese

A controladoria é um órgão administrativo com a incumbência de assegurar que a organização tenha acesso a um sistema de informações que habilite os executivos a tomarem o melhor curso de ação entre as alternativas apresentadas, englobando as áreas contábil e de custos, financeira, orçamentária, tributária, entre outras.

É unânime a referência à controladoria como sendo responsável pelas informações necessárias à tomada de decisões econômicas e como uma área que deve estar em sintonia com as funções principais do processo administrativo, como planejar, organizar, coordenar e controlar.

Sendo assim, a controladoria tem por função a geração e a distribuição de informações úteis ao processo decisório e deve possibilitar o acompanhamento dos planos, objetivos e metas definidos em cada instância da organização, promovendo igualmente a sinergia entre as áreas.

Exercícios resolvidos

1. Assinale a alternativa **incorreta** com relação ao papel da controladoria:
   a) O sistema de controle deve estar presente em todas as fases do processo decisório.
   b) A missão de todas as áreas de uma empresa é dar suporte à gestão dos negócios, de modo a assegurar que ela atinja seus objetivos.
   c) A controladoria é responsável pelo resultado de cada área da empresa.
   d) A controladoria é responsável pela otimização dos resultados da empresa, a fim de garantir sua continuidade.
   e) A controladoria é responsável pela gestão econômica e pelo SIG.

Resposta:

Alternativa "c": A controladoria não executa funções que sejam próprias de outras áreas, apenas acompanha seus desempenhos e os reflexos nos resultados.

Perguntas & respostas

1. A que corresponde a visão sistêmica proporcionada pela controladoria?

Resposta:

A visão sistêmica da controladoria corresponde a uma visão integrada da organização, em que se busca a sinergia necessária para se chegar à eficácia. É necessário desenvolver a cultura de que cada área da empresa deve dispender esforços para a busca do resultado, que deve ser analisado de forma conjunta, evitando distorções. Com isso, evita-se a visão compartimentada da organização com respeito à avaliação de desempenho.

2. Qual a função do controle, que corresponde a uma das etapas do processo decisório?

Resposta:

O controle corresponde a uma verificação sistemática de que objetivos, planos, políticas e padrões estão sendo obedecidos.

Questões para revisão

1. Qual o papel da controladoria na implantação de um sistema de planejamento empresarial?
2. Relacione o papel a ser desempenhado pela controladoria e o modelo de gestão existente numa dada organização.

Para saber mais

Os leitores interessados em aprofundar os estudos sobre controladoria podem consultar:

Crozatti, J. Modelo de gestão e cultura organizacional. **Caderno de Estudos**, São Paulo, FipeCafi, v. 10, n. 18, maio/ago. 1999.

Padoveze, C. L. **Controladoria estratégica e operacional**. São Paulo: Atlas, 2004.

Contabilidade gerencial 2

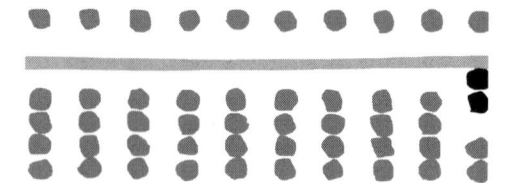

Conteúdos do capítulo:

- Contabilidade gerencial.
- Evolução da contabilidade gerencial.
- Contabilidade gerencial *versus* contabilidade financeira.

Após o estudo deste capítulo, você será capaz de:

1. compreender a relevância da contabilidade gerencial;
2. perceber a evolução histórica da contabilidade gerencial;
3. qualificar a contabilidade gerencial, diferenciando-a da contabilidade financeira ou societária.

A **contabilidade gerencial** consiste numa abordagem diferente daquela que caracteriza a chamada *contabilidade financeira*. Neste capítulo, estudaremos seu surgimento, sua consequente evolução e o patamar em que se encontra. A contabilidade gerencial teve origem na necessidade que os proprietários e gestores tinham de controlar seus negócios. Essas necessidades continuam extremamente atuais, pois, como vamos verificar, sua razão de ser é o apoio ao processo decisório empresarial.

2.1 Evolução histórica da contabilidade gerencial

A contabilidade como elemento de controle de uma riqueza teve origem há aproximadamente 10 mil anos. É interessante observarmos que, na sua origem, embora de forma rudimentar, ela servia a propósitos específicos como meio de controle do patrimônio. Antes do surgimento da moeda, do valor como hoje o conhecemos, da propriedade e até mesmo da escrita, o homem já se preocupava em separar e assegurar um domínio sobre elementos que lhe eram essenciais. A evolução da contabilidade ocorre na esteira da evolução da própria sociedade. Como o nosso objetivo neste momento não é discorrer longamente sobre aspectos históricos, podemos considerar que um sistema contábil voltado para a gestão da empresa teve sua prática efetivamente levada a efeito a partir da Revolução Industrial, na Inglaterra.

Para Ricardino (2005, p. 1):

> É difícil precisar quem criou a expressão *management accounting*, embora possamos considerar que esse termo foi desenvolvido posteriormente à Segunda Guerra Mundial para descrever o fornecimento, para fins gerenciais, de informações estatísticas para propósitos de planejamento, decisão e controle. Mas é no fim do século XIX, início do século XX, nos Estados Unidos, que percebemos uma preocupação das corporações com medições e controles para fins gerenciais. [grifo do original].

Johnson e Kaplan (1996, p. 17-19) trazem essa perspectiva quando afirmam que "a contabilidade gerencial surgiu pela primeira vez nos Estados Unidos, quando as organizações comerciais, em vez de dependerem dos mercados externos para trocas econômicas diretas, passaram a conduzir trocas econômicas internas".

Padoveze (1999, p. 2) citando relatório da International Federation of Accountants *Management accounting concepts*, de 1998 (p. 84), informa que o campo da atividade organizacional, abarcado pela contabilidade gerencial, foi desenvolvido em quatro estágios reconhecíveis:

> **Estágio 1** – Antes de 1950, o foco era na determinação do custo e do controle financeiro, através do uso das tecnologias de orçamento e contabilidade de custos.

Estágio 2 – Por volta de 1965, o foco foi mudado para o fornecimento de informação para controle e planejamento gerencial, através do uso de tecnologias como análise de decisão e contabilidade por responsabilidade.

Estágio 3 – Por volta de 1985, a atenção foi focada na redução do desperdício de recursos usados nos processos de negócios, através do uso das tecnologias de análise do processo e da administração estratégica de custos.

Estágio 4 – Por volta de 1995, a atenção foi mudada para a geração ou criação de valor através do uso de tecnologias como exame dos direcionadores de valor ao cliente, valor para o acionista e inovação organizacional.

Observa-se que a ideia de contabilidade gerencial como criadora de valor para o negócio iniciou-se a partir do momento em que a tecnologia da informação possibilitou a mensuração e o controle de variáveis que até então eram de difícil – para não dizer impossível – mensuração e controle, como processos, clientes, tecnologia de produção etc.

Atualmente, já se considera que o papel da contabilidade gerencial é contribuir efetivamente para a criação de valor na organização. Mais do que produzir e distribuir informações gerenciais, o foco sobre a contabilidade gerencial é garantir às organizações conhecimentos suficientes que as habilitem não só a permanecer no mercado como também a crescer na proporção em que haja expansão desse mercado.

2.2 Conceito e objetivo

A contabilidade gerencial é reconhecida como um enfoque especial conferido a números e eventos econômicos já tratados pela contabilidade financeira. Essa abordagem específica no tratamento dos dados contábeis é útil para a tomada de decisões gerenciais. Ao conceituarmos **contabilidade gerencial**, não podemos deixar de considerar que é um processo de captação, processamento e distribuição de informações sob uma perspectiva diferente daquela inerente à contabilidade financeira. O propósito fundamental da contabilidade gerencial, ou contabilidade administrativa, é oferecer ao decisor, ou usuário, a possibilidade de se utilizar de um conjunto de informações que o habilitem à melhor decisão. Daí reside a importância da caracterização de um adequado Sistema de Informações Gerenciais (SIG), que dê o devido suporte a essa contabilidade.

2.2.1 Conceito

Vamos buscar alguns conceitos abordados por diversos autores para obtermos um posicionamento técnico sobre o tema.

Atkinson et al. (2000, p. 36) definem *contabilidade gerencial* como o "processo de identificar, mensurar, reportar e analisar informações sobre os eventos econômicos das empresas". Anthony (1974, p. 212) faz uma distinção clara entre a contabilidade financeira e a gerencial, pois, de acordo com esse autor, a contabilidade financeira tem como objetivo primário proporcionar informação financeira a terceiros – acionistas, banqueiros, outros credores e agências governamentais. As técnicas, os regulamentos e as convenções segundo os quais os dados contábeis são coletados e relatados refletem, em grau considerável, as exigências desses terceiros. Já a contabilidade gerencial, para Anthony (1974, p. 212), preocupa-se com a informação contábil útil à administração. Útil, nesse contexto, traz sempre a conotação de algum propósito para o qual os números devem ser usados. Li (1977, p. 17), no clássico livro *Contabilidade gerencial*, ressalta que a "contabilidade gerencial é o resultado da interação entre contabilidade e administração". Li foi um dos primeiros autores a definir a contabilidade (no sentido amplo, de ciência) como a "linguagem universal dos negócios", pois, se a linguagem é um meio de expressar e comunicar ideias em geral, a contabilidade é um meio de relatar os resultados da administração.

A contabilidade gerencial é um processo de identificação, mensuração, processamento, interpretação e comunicação de informações gerenciais, compreendendo dados reais e previstos pela gestão da empresa. Esse processo deve possibilitar aos gestores uma avaliação segura no momento da escolha de uma alternativa em determinada decisão, para que os objetivos organizacionais previamente definidos sejam atingidos.

Baseando-nos no que os autores citados propõem, destacamos, na Figura 2.1 a seguir, o que seria a essência da contabilidade gerencial comparativamente à contabilidade financeira:

Figura 2.1 – Distinções entre contabilidade financeira e gerencial

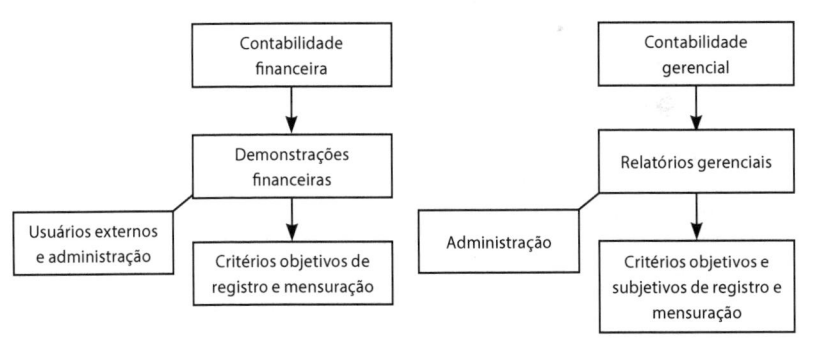

```
                Contabilidade                              Contabilidade
                 financeira                                  gerencial
                      |                                          |
                      v                                          v
                Demonstrações                              Relatórios gerenciais
                 financeiras
Usuários externos                          Administração
e administração   Critérios objetivos de                    Critérios objetivos e
                  registro e mensuração                     subjetivos de registro e
                                                            mensuração
```

Jiambalvo (2002, p. 2) inicia seu trabalho discorrendo sobre a meta da contabilidade gerencial, que, segundo ele, seria a de "fornecer as informações de que os gerentes precisam para o planejamento, o controle e a tomada de decisões. Se o seu objetivo é ser um gerente eficaz", afirma o autor, "é imprescindível um entendimento profundo de contabilidade gerencial".

Então, pelos conceitos obtidos de respeitáveis doutrinadores contábeis, podemos perceber que existem certos atributos específicos à contabilidade gerencial que a caracterizam como instrumento fundamental para uma gestão empresarial criadora de valor. Esses atributos, ou qualidades específicas, serão expostos como comentários no Quadro 2.1, que demonstra as diferenças existentes entre a contabilidade financeira e a contabilidade gerencial.

Quadro 2.1 – Características básicas da contabilidade financeira e gerencial

	Contabilidade financeira	Contabilidade gerencial
Clientela	Externa: acionistas, credores, governo.	Interna: funcionários, administradores, executivos.
Propósito	Reportar desempenho passado às partes externas; contratos com proprietários e credores.	Informar decisões internas tomadas pelos funcionários e gerentes; *feedback* e controle sobre desempenho operacional.
Data	Histórica, atrasada.	Atual, orientada para o futuro.
Restrições	Regulamentada: dirigida por regras e princípios fundamentais da contabilidade e por autoridades governamentais.	Desregulamentada: sistemas e informações determinadas pela administração para satisfazer necessidades estratégicas e operacionais.
Tipo de informação	Somente para mensuração financeira.	Mensuração física e operacional dos processos, tecnologia, fornecedores e competidores.
Natureza da informação	Objetiva, auditável, confiável, consistente, precisa.	Mais subjetiva e sujeita a juízo de valor, válida, relevante, acurada.
Escopo	Muito agregada; reporta toda a empresa.	Desagregada; informa as decisões e ações locais.

Fonte: Atkinson et al., 2000, p. 38.

Se observarmos atentamente o quadro apresentado, podemos captar a essência e a utilidade da informação gerencial, produto da contabilidade gerencial.

Vejamos:

- **Clientela**: há aqui uma nítida separação entre dois públicos interessados na informação contábil. O gestor, que necessita das informações para uso no cotidiano, precisa de um base informativa que contenha, não raro, atributos estratégicos. Os relatórios do sistema orçamentário são exemplos disso. Contudo, informações estratégicas não devem ser disponibilizadas para o mercado, pois podem ser utilizadas pela concorrência.

- **Propósito**: as observações acerca dos usuários das informações (ou os clientes destas) servem para se estudar o propósito da informação. Entende-se que usuários diferentes têm propósitos diferentes, logo, precisam de informações específicas e diferenciadas.
- **Mensuração**: esse é um aspecto importantíssimo para a contabilidade gerencial. Já sabemos que as mensurações utilizadas pela contabilidade financeira para atribuição de valor aos elementos do patrimônio e do resultado empresarial estão restritas a normas e princípios contábeis.

A contabilidade gerencial poderá utilizar-se de quaisquer critérios de mensuração, desde que melhor retratem a quantidade monetária que representará aquele elemento ou evento econômico. Por exemplo: os estoques (mercadorias, matérias-primas, produtos acabados etc.), na contabilidade financeira, são avaliados pelo seu custo de aquisição e devem permanecer por esse valor até sua baixa do ativo. Na contabilidade gerencial, podemos utilizar o critério de preço de reposição desses estoques quando formos construir uma informação gerencial que utilize o valor desses ativos. Outro aspecto da contabilidade gerencial que determina sua utilidade é a possibilidade de termos uma desagregação de valores, ou seja, mensurarmos e reportamos cada segmento ou unidade relevante da organização, por exemplo: um produto, um centro de resultados, entre outros.

2.2.2 Objetivo

Um aspecto fundamental da contabilidade gerencial é o uso da informação contábil como ferramenta pelo empresário. Para uma utilização eficaz dessa ferramenta, é necessário que os usuários da informação (administradores e empresários) tenham um bom conhecimento dos conceitos de contabilidade financeira, de custos e, é claro, de contabilidade gerencial. Observe que a relação custo *versus* benefício na construção da informação deve ser favorável, ou seja, o custo para se obter a informação não pode ser maior que o seu valor para a entidade.

Podemos concluir, então, que o objetivo fundamental da contabilidade gerencial é fornecer aos interessados (sempre lembrando que são internos à organização) relatórios gerenciais que contenham informações de natureza financeira, física e de produtividade, para possibilitar a eles a escolha da melhor alternativa numa decisão, visando à criação de valor para o negócio.

O processo de gestão é extremamente dinâmico e recorrente, sendo que a contabilidade gerencial deve acompanhar sistematicamente essa dinâmica para controlar, mensurar e informar os reflexos econômicos e financeiros de cada ação empresarial executada.

Como vimos no início deste tópico, a contabilidade gerencial foi definida como o processo de identificação, mensuração, acumulação, análise, preparação, interpretação e comunicação de informações financeiras utilizadas pelos gestores da empresa para planejar, avaliar, controlar e assegurar o uso apropriado e responsável dos recursos. **Identificação** é o processo de reconhecimento e avaliação de transações empresariais e de outros eventos econômicos. **Mensuração** diz respeito ao uso de critérios para atribuição de valores econômicos. **Acumulação** é a definição de abordagens padronizadas e consistentes para registrar e classificar transações empresariais apropriadas.

A **análise** compreende uma verificação sistemática dos reflexos financeiros e econômicos das transações registradas e acumuladas. A **comunicação** é a distribuição de informações pertinentes para a administração e outros, para uso interno e externo. A **avaliação** compreende o julgamento das implicações de eventos históricos e esperados e ajuda na escolha do melhor curso de ação, incluindo a tradução de dados em tendências e relações. Por fim, o **controle** implica assegurar a integridade da informação financeira relativa às atividades e aos recursos da empresa, monitorando o desempenho para eventuais ações corretivas.

2.3 Contabilidade gerencial e controladoria

Você pode estar se perguntando: Afinal de contas, qual a diferença entre a contabilidade gerencial e a controladoria? O enfoque dado à controladoria modernamente (**controladoria corporativa**) é o de que esta deve ser caracterizada como uma área administrativa da empresa, ficando responsável pelo SIG existente. Portanto, podemos entender que a contabilidade gerencial é um dos produtos da controladoria. Nesse caso, como vimos, a função da contabilidade gerencial é produzir relatórios gerenciais tendo como instrumento o SIG citado.

Síntese

A contabilidade gerencial é uma abordagem que se diferencia pela forma como registra e mensura os eventos já reconhecidos pela contabilidade financeira. A plataforma gerencial de contabilidade deve permitir o acompanhamento sistemático da dinâmica, para controlar, mensurar e informar os reflexos econômicos e financeiros de cada ação empresarial executada.

Exercícios resolvidos

1. Qual o aspecto que **não** está relacionado a um SIG?
    a) O sistema de informações deve gerar informações exclusivamente para a tomada de decisões pela alta administração.

b) O sistema deve incorporar as informações necessárias ao planejamento e ao controle.

c) O sistema deve prover informações suficientes e precisas na frequência necessária.

d) O trabalho administrativo deve ser organizado de forma que permita à empresa ser vista como uma entidade integrada.

e) O processamento eletrônico de dados deve ser buscado para a geração de informações rápidas e exatas.

Resposta:

Alternativa "a": Esse aspecto denota uma centralização nas decisões, que não é a regra quando da implementação de um sistema de informações.

Perguntas & respostas

1. Existem diferenças significativas, num sentido prático, entre a contabilidade gerencial e a contabilidade financeira?

    Resposta:

    Sim. As diferenças se destacam tanto no aspecto formal – pois a contabilidade financeira é fundamentada em leis e normas e a contabilidade gerencial não – quanto no aspecto substancial –, posto que a contabilidade gerencial produz relatórios mais apropriados quanto aos aspectos de registro e mensuração dos eventos.

2. Qual a relação que podemos estabelecer entre a tecnologia de informação (TI) e a contabilidade gerencial?

    Resposta:

    A TI deve proporcionar condição para que a organização possa usufruir de relatórios pertinentes para subsídios de decisões. Portanto, é sempre recomendável um planejamento adequado ao se adquirir máquinas e *softwares* de gestão empresarial.

Questões para revisão

1. Qual a importância do SIG para a definição de um adequado modelo de decisão na empresa?

2. Um investimento considerável de recursos em TI é imprescindível para que se tenha um SIG que responda às necessidades informacionais dos gestores?

Para saber mais

Para um estudo mais aprofundado dos conceitos vistos neste capítulo, recomendamos:

ATKINSON, A. A. et al. **Contabilidade gerencial**. São Paulo: Atlas, 2000.

HORNGREN, C. T.; SUNDEM, G. L.; STRATTON, W. O. **Contabilidade gerencial**. 12. ed. São Paulo: Prentice Hall, 2004.

Gestão empresarial 3

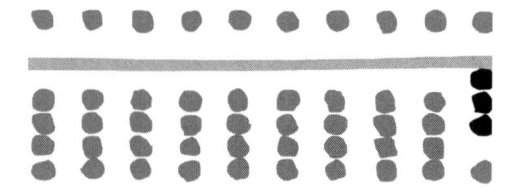

Conteúdos do capítulo:

- Gestão empresarial.
- Modelo de gestão.
- Modelo de informação e mensuração.
- Modelo de decisão.

Após o estudo deste capítulo, você será capaz de:

1. compreender o conceito de gestão;
2. analisar os modelos de decisão existentes nas organizações;
3. evidenciar a adequação dos modelos existentes nas organizações;
4. relacionar a integração da controladoria com os modelos percebidos.

𝒩esta parte de nosso estudo, trataremos de temas fundamentais para uma adequada implantação e respectivo funcionamento da controladoria. Um modelo adequado de gestão é determinante para a eficácia da controladoria, em qualquer contexto ou organização. A análise desse modelo, por parte do *controller*, possibilitará o entendimento necessário de como os gestores decidem a forma como as informações fluem pelas diversas áreas e de como as decisões são tomadas.

3.1 Gestão e modelos de gestão

Procuramos, neste ponto, chamar a atenção para o assunto **gestão** em qualquer contexto ou organização empresarial. É importante que o *controller* analise a gestão da empresa ao propor um sistema de informações, para que a atuação da controladoria seja a mais efetiva e racional possível. Para isso, é necessário entendermos de que forma os gestores decidem como as informações fluem pelas diversas áreas e, igualmente, que parâmetros são considerados no momento de uma tomada de decisão.

3.1.1 Gestão empresarial e modelos

O termo *gestão* deve ser entendido com o mesmo significado de *administração*, sendo que as funções da administração – planejar, organizar, dirigir e controlar recursos – são intrínsecas ao conceito de gestão. A gestão e sua forma de implementação e condução, ou seja, seu modelo, devem ser próprias da organização, adaptáveis à sua cultura organizacional. Os aspectos básicos da estrutura e das funções da organização derivam das características dos processos humanos de solução de problemas e das escolhas racionais humanas.

Com efeito, **gerenciar** é um processo de se conduzir uma organização, encadeando atividades para que ela possa atingir os resultados planejados, a despeito das dificuldades e restrições que possa enfrentar. Conforme Mosimann e Fisch (1999, p. 28):

> Administração é o processo universal de completar eficientemente atividades, com e através de outras pessoas. Mais ainda, administração se refere ao campo das atividades humanas que tem como finalidade principal a coordenação em grupo para o desempenho de funções de planejamento, organização, direção e controle em relação a certos fatores básicos, por meio de esforços motivacionais apropriados, de maneira que os vários objetivos do grupo e dos indivíduos que dele fazem parte, sejam atingidos num grau ótimo com eficiência ótima.

Podemos considerar que a gestão representa o encadeamento lógico de ações visando ao atingimento de um objetivo.

3.1.2 O conceito de modelo e a utilidade de sua construção

Visualizando-se a controladoria como uma área de apoio às diversas unidades de uma empresa, não podemos desconsiderar que a realidade de uma gestão empresarial é complexa e requer um entendimento, por parte do *controller*, de como essa gestão é conduzida, qual é o pensamento que permeia as ações dos principais gestores e como estes se posicionam diante de determinadas situações críticas. Na impossibilidade de conseguirmos interpretar essa realidade, utilizamo-nos da concepção de modelos.

Modelos são representações da realidade, os quais são estudados e utilizados para simplificar uma dada realidade, de forma que seja possível analisá-la com vistas a uma futura intervenção. Dada a complexidade dos eventos reais, os modelos surgem para simplificá-los e explicá-los com relativa precisão. Modelo é uma representação simplificada de objetos ou de eventos reais, que procura facilitar a compreensão destes e suas interações no mundo real. Uma planta de um imóvel representa uma realidade ainda não existente – qual seja, o imóvel construído –, mas as pessoas decidem (compram o imóvel) confiando naquele modelo que o representa.

Todo sistema de informações, na sua etapa de desenvolvimento e implementação, depende sobremaneira da utilização de modelos. Para prevermos um fenômeno com exatidão perfeita, necessitaríamos de um número considerável de variáveis, mas estatisticamente podemos considerar que um certo número de variáveis explica a maior parte de qualquer fenômeno. Precisamos apenas identificar e escolher as variáveis certas e a relação correta entre elas.

Os modelos facilitam o entendimento dos fenômenos reais e possibilitam a correção de desvios e a criação de novos conceitos e objetos de uma maneira racional e planejada. Como exemplo, podemos citar o projeto de um novo automóvel, no qual primeiramente os técnicos criam um modelo visando o estudo do *design*, a definição do espaço interno, entre outros. A utilidade dos modelos matemáticos está no fato de eles poderem explicar fenômenos espaciais ou de engenharia. Pemberton (1998, p. 221) afirma que: "Após testado o modelo e assegurado que o mesmo possui suficiente precisão relativamente aos propósitos colimados, o administrador o utiliza a fim de otimizar os resultados das decisões atinentes ao desempenho futuro ou a linhas de ação alternativas".

Sobre a utilidade dos modelos, afirma-se que estes são geralmente vistos como instrumentos para selecionar a melhor linha de ação do conjunto de linhas de ação "cobertas" pelo modelo. A descoberta dessas linhas pode, frequentemente, ser o resultado mais importante do emprego do modelo.

3.2 Modelo de gestão

Toda empresa possui um **modelo de gestão**, que pode ser explícito ou não. É um fator determinante de como os gestores tratam os problemas estratégicos e operacionais da organização. Mosimann e Fisch (1999, p. 29), ensinam:

> Entendido o modelo como a representação abstrata e simplificada de objetos, sistemas, processos ou eventos reais, pode-se entender então modelo de gestão como sendo a representação abstrata, por meio de ideias, valores e crenças, expressas ou não por meio de normas e regras que orientam o processo administrativo da empresa. [...] o modelo de gestão envolve ainda objetivos, princípios organizacionais, princípios de delegação de poder e princípios de avaliação de desempenho e é ideal que o processo de gestão (planejamento, execução e controle) que faz parte do modelo seja dinâmico, flexível e oportuno, isto é, que seja adaptável às mudanças, com estilo participativo, voltado para a eficácia empresarial. Representa a forma pela qual a empresa irá desenvolver seu negócio. É decorrente da missão estabelecida e dos propósitos e objetivos a serem alcançados.

O modelo de gestão depende, na sua implementação e efetividade, de que a empresa interaja adequadamente com seu ambiente externo e que os subsistemas que compõem seu sistema empresarial cumpram suas finalidades. Com isso, surge um sistema ideal de gestão, o qual assegura a existência de um sistema de informações que apoia efetivamente os gestores em suas ações executivas, garantindo um adequado suporte aos processos, às atividades e às operações da empresa.

O modelo de gestão é parte, ainda, do sistema institucional e corresponde a um conjunto de princípios que, se observados, devem assegurar a minimização dos riscos da atividade, uma estrutura operacional adequada e a existência de medidas proativas. O modelo de gestão existente deve, igualmente, possibilitar um clima organizacional no qual impere a motivação e o aproveitamento das potencialidades, tanto de pessoas como de processos e negócios.

Percebemos, por meio desses conceitos, que o modelo de gestão existente na organização deve proporcionar a condição de que todos os processos sejam adequadamente avaliados, no momento certo e na qualidade necessária. Para evitar que sejam tomadas decisões conflitantes com os objetivos principais da empresa, devemos definir um modelo de gestão e este deve integrar-se com o modelo de decisão, informação e mensuração.

O modelo de gestão é parte integrante do subsistema institucional de uma organização e é conceituado como um conjunto de normas, princípios e conceitos que objetivam conduzir e orientar o processo de gestão da entidade para que sua missão seja cumprida. Há uma grande dificuldade por parte da empresa em institucionalizar um modelo de gestão que contemple o todo organizacional (pessoas, tarefas, atividades, processos, unidades), ou seja, que consiga abordar todas as circunstâncias e, principalmente, faça com que todos tenham o mesmo entendimento. Sendo assim, ocorrem choques entre os gestores, sejam de ideias, sejam de interesses, criando um mal-estar no ambiente da empresa e resultando em decisões não discutidas, não planejadas e, se discutidas, que não atingiram o consenso.

O termo *gestão*, proveniente do latim *gestione*, refere-se a "ato de gerir, gerência, administração" (Ferreira, 2004). Portanto, um modelo de gestão pode ser entendido como uma série de regras, princípios e normas que, na verdade, sintetizam o conjunto de ideias, crenças e valores, ou seja, o pensamento da cúpula executiva da organização. É, em síntese, um grande modelo de controle, pois nele são definidas as diretrizes de como os gestores serão avaliados e os princípios de como a empresa será administrada.

Nesta altura do nosso estudo, podemos perguntar: **Qual a relação do modelo de gestão com a controladoria?** Ora, verificamos que a controladoria deve ser implantada como uma área administrativa, que tenha como atribuição o planejamento, o controle e o relato de informações relevantes para os diversos gestores da organização. Faz-se necessário, portanto, que o corpo de dirigentes entenda e aceite esse papel "corporativo" da controladoria. Sabemos que o modelo de gestão é a forma como as pessoas, em síntese, pensam e agem ao desempenhar suas funções em dada organização. Ou seja, os valores e as atitudes dos dirigentes devem se coadunar com essa política de controle e o *feedback* proporcionado por essa área. Qualquer incongruência fará com que a controladoria não consiga exercer efetivamente suas funções.

A eficiência por parte das empresas está em conseguir que, no seu modelo de gestão, estejam concebidas desde a cultura da empresa, sua missão e seus objetivos, até as características dos seus administradores, junto com mecanismos de avaliação, como forma de contemplar toda a empresa. Ao estudar o conceito de *gestão*, existe uma preocupação em buscar o sentido do termo nas línguas portuguesa e inglesa, o que nos leva a concluir que o vocábulo *manage* possui uma conotação dinâmica, significando o "ato de conduzir".

Um dos motivos básicos da existência das empresas é proporcionar à sociedade determinados benefícios que os homens isoladamente não poderiam proporcionar. Esses benefícios são atingidos quando a empresa mostra eficácia no uso das informações gerenciais, ou seja, sua competência em ter continuidade e cumprir sua missão em um ambiente dinâmico e altamente competitivo. A eficácia da informação gerencial depende de uma série de fatores fundamentais, os quais são originados pela atuação da empresa e por terem reflexo direto na qualidade de vida das pessoas na sociedade. É também necessário que todos na empresa tenham conhecimento das estratégias e, para alcançarem isso, obviamente terão que conhecer o fluxo e a natureza das informações geradas que serão utilizadas para criar e sustentar uma vantagem competitiva.

Durante o estudo de um modelo de gestão, é necessário que se faça uma análise da situação atual da empresa, seu diagnóstico e comparações com padrões preestabelecidos para verificar em que estágio se encontra e, a partir daí, poder efetuar o planejamento estratégico e o orçamento e projetar a situação futura. A execução deve ser mensurada pelo Sistema de Informações Gerenciais (SIG) e avaliada, para que, caso haja necessidade, as correções sejam feitas e iniciem-se todas as etapas novamente.

Entendemos que a efetividade do modelo de gestão depende de uma adequada interação da empresa com o ambiente na qual está inserida, ou seja, que exista uma coerência entre a forma como a organização é conduzida (modelo de gestão) e a realidade que o mercado (ambiente) apresenta. Se o mercado exige decisões rápidas, o modelo de gestão não poderá ter como características a lentidão e a passividade nas ações dos gestores. Nesse caso, conforme Nakagawa (1993, p. 43), "fecham-se os contornos de um sistema ideal de gestão, assegurando-se a disponibilidade e manutenção de um sistema de informações capaz de dar adequado suporte e apoio aos processos de gestão e operações da empresa".

Os *controllers* estão constantemente interagindo com sistemas contábeis e relatórios gerenciais, que são caracterizados como modelos.

Vale repetir: o modelo de gestão existente na organização deve proporcionar a condição de que todos os processos sejam adequadamente avaliados, no momento certo e na qualidade necessária. Consideramos imprescindível que se conceituem modelo e gestão para que se estruture um sistema integrado de informações que suporte tal modelo. Quando a empresa está buscando verificar qual o modelo de gestão que mais se adapta a sua realidade, mais alguns tópicos devem ser estudados, discutidos e contemplados, pois influenciam no seu formato.

Podemos considerar como é o estilo de gestão, quais são os processos de gestão e os princípios da organização, quais são os princípios de comunicação/informação, como será feita a avaliação dos gestores, os resultados alcançados e que padrões de desempenho serão observados etc.

Na descentralização, as pessoas na linha de frente da empresa são as primeiras a ver ou sentir a necessidade de mudança. Então, podem responder depressa a essa necessidade. Em virtude de estarem perto do que está acontecendo, elas estão em melhor posição para desenvolver o conhecimento e as habilidades exigidas para entender as mudanças necessárias em seus próprios trabalhos.

3.3 Modelo de informação

O modelo de informação tem como função principal proporcionar a adequação do sistema de informação ao processo de decisão. Esse modelo deve fornecer informações adequadas aos gestores para que estes possam optar por alternativas consistentes na tomada de decisões. Quanto melhor forem atendidas as necessidades informacionais dos gestores, mais eficaz será o modelo de informação. O modelo de informação é aquele que se preocupa com a captação dos dados, seu tratamento (processamento) e a distribuição da informação. Ele deve contemplar a premissa básica segundo a qual a informação deve habilitar a organização a atingir seus objetivos, utilizando-se dos recursos disponíveis e favorecendo a redução de incertezas na tomada de decisões.

Não devemos desconsiderar que a informação está associada ao futuro, no sentido de que informações corretas e oportunas proporcionam a tomada de decisões mais seguras, levando a um futuro menos incerto.

Um modelo de informação é uma representação abstrata de uma porção relevante da realidade, usado para apoiar o processo de gestão e facilitar a tomada de decisões. Deve ser uma preocupação da gestão de cada unidade de um negócio que o modelo de informação possibilite a integração com as demais unidades e também com a controladoria. A área de controladoria deve procurar dotar cada unidade de negócios de uma infraestrutura de tecnologia de informação que seja capaz de proporcionar a condição de atendimento das premissas do modelo de informação desejado.

O modelo de informação demonstra a forma como o SIG será estruturado e como essas informações serão processadas e distribuídas aos diversos níveis da organização, sendo constituído de determinadas características que o tornam um elemento indutor e facilitador das ações dos gestores para otimização do resultado, podendo ser um banco de dados unificado e estruturado pelo conceito de engenharia de informações, fornecendo informações com oportunidade para ações gerenciais no momento da ocorrência dos eventos.

O modelo de informação deve proporcionar a eficácia no processo decisório. Essa eficácia depende da qualidade da própria informação, que será mais efetiva quanto mais for integradora, ou seja, quanto mais proporcionar uma visão holística que resulte da combinação de dados confiáveis e estratégicos nos processos operacionais da empresa.

3.4 Modelo de mensuração

Mensurar é o ato de medir, de calcular, de determinar o valor de alguma coisa. Em contabilidade, Hendriksen e Breda (1999, p. 304), famosos teóricos da ciência contábil, afirmam que:

> Mensuração é o processo de atribuição de valores monetários significativos a objetos ou eventos associados a uma empresa, obtidos de modo a permitir a agregação (tal como na avaliação total de ativos) ou desagregação, quando exigida em situações específicas.

Modelo de mensuração, então, pode ser entendido como a forma que será utilizada pelo modelo de informação para a atribuição de valores aos fatos ou eventos que, medidos, serão utilizados como informações úteis no processo decisório. Mensuração, para efeitos de controladoria ou contabilidade, consiste na atribuição de valores numéricos a objetos ou eventos de caráter econômico como base para a tomada de decisões. Devemos observar que, geralmente, a mensuração é imaginada em termos monetários. No entanto, não devemos nos esquecer de que dados não monetários, como capacidade de produção em toneladas ou números de operários, podem, muitas vezes, ser relevantes para certas predições e para a tomada de decisões.

Define-se **mensuração** também como um conjunto específico de procedimentos para atribuir números a objetos e eventos, com o objetivo de prover informação válida, confiável, relevante e econômica aos tomadores de decisão. Percebemos, nessa definição, que a premissa básica era a mensuração financeira. Alguns doutrinadores ampliam o conceito de **mensuração**, definindo-a como um conjunto de procedimentos que têm por finalidade fornecer os parâmetros adequados para a mensuração de eventos, de acordo com as necessidades informacionais da empresa. Nessa definição, eles não limitam a mensuração a eventos financeiros, mas salientam a necessidade da compatibilidade do modelo de mensuração ao modelo de gestão existente. A mensuração de valores não monetários é um desafio para os gestores contemporâneos, tendo em vista que capacidades, tecnologias, conhecimentos e outros intangíveis desenvolvidos pelas organizações resultam em aumento de seu valor de mercado, mas torna-se difícil retratá-los em um modelo de informação tradicional.

A Figura 3.1, a seguir, apresenta a ideia da concepção de modelos. Uma mensuração adequada produz uma informação correta (logicamente, observados o cumprimento de outros requisitos exigidos para uma informação adequada), que permitirá ao gestor a escolha da melhor alternativa, agregando valor à sua decisão.

Figura 3.1 – Fluxo adequado na decisão

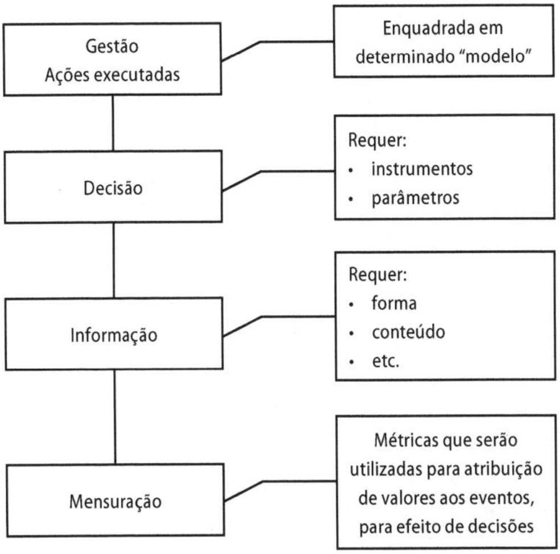

Gestão Ações executadas	Enquadrada em determinado "modelo"
Decisão	Requer: • instrumentos • parâmetros
Informação	Requer: • forma • conteúdo • etc.
Mensuração	Métricas que serão utilizadas para atribuição de valores aos eventos, para efeito de decisões

Podemos considerar que, numa decisão entre atender ou não a um pedido especial, a controladoria deverá calcular a margem de contribuição. O preço de venda, por regra geral, é obtido de relatórios gerenciais de vendas e está atualizado. Ao verificar os gastos variáveis, pode ocorrer de essa informação vir da contabilidade financeira, que calcula os custos para efeito de avaliação dos estoques e de contabilização do custo dos produtos vendidos e avalia (atribui valor monetário) os materiais diretos pelo seu valor histórico. Como a decisão (atender ou não o pedido) terá impacto nos futuros resultados da empresa, é imprescindível, para uma melhor decisão, que o critério de mensuração desses materiais seja o seu preço de reposição. A avaliação em bases passadas poderá induzir o gestor a um erro que comprometerá a eficácia da organização.

3.5 Modelo de decisão

O **modelo de decisão** é a ferramenta utilizada pela gestão para a escolha da melhor alternativa entre diferentes cursos de ação e para a avaliação das consequências que resultarão da seleção de determinada alternativa. O modelo de decisão deve voltar-se para o futuro, sendo também o modelo que orienta a tomada de decisões no planejamento do próprio sistema de informações. **Decisão** é a escolha de uma ação (ou um curso de ações) em um determinado ponto do tempo. No entendimento de Figueiredo e Caggiano (1997, p. 32), "para que o objetivo da empresa seja alcançado conforme planejado, é necessário que sejam definidos modelos que uniformizem a busca de objetivos organizacionais". Para os autores citados, o objetivo do modelo de decisão é alcançar a otimização do resultado em termos de empresa e de áreas, sendo que o modelo de decisão é uma definição de como serão combinados cursos de ação para alcançar um determinado estado da natureza, além de ser um molde para a escolha da alternativa a ser objetivada.

Por exemplo: em uma organização estruturada em unidades de negócios, o modelo de decisão existente deve possuir características que o identifiquem com a respectiva unidade, em virtude de fazer parte de um modelo de gestão que privilegia a descentralização na tomada de decisão. No modelo decisório, devem estar relacionados alguns procedimentos úteis para a resolução da maioria dos problemas:

- definir o problema;
- definir as soluções alternativas mais prováveis;
- medir e pesar consequências de cada alternativa que podem se expressar em termos quantitativos;
- avaliar consequências que não podem ser expressas em termos quantitativos e pesá-las em face de outras ou em face das consequências medidas;
- chegar a uma decisão.

Síntese

A controladoria precisa se adaptar à gestão que caracteriza a organização. O modelo de gestão existente deve assegurar a otimização dos serviços e produtos oriundos da controladoria.

A apreensão adequada dos eventos, combinada com sua mensuração correta, produz informações corretas (logicamente, observado o cumprimento de outros requisitos exigidos para uma informação adequada) que permitirão ao gestor a escolha da melhor alternativa, agregando valor à sua decisão.

Graficamente:

```
Mensuração adequada ──► Informação
                correta ──►
             Decisão segura
```

Exercícios resolvidos

Analise o resultado gerado individualmente pelos produtos da indústria de calçados ABC, além do resultado global da empresa. Oriente a empresa quanto à necessidade de descontinuar um produto, tendo em vista a rentabilidade demonstrada no relatório a seguir:

Relatório gerencial de acompanhamento de resultado

Produtos

	Produto 1	Produto 2	Produto 3	Total
Receitas	6.000	2.000	2.000	10.000
Despesas variáveis	(5.000)	(1.100)	(1.000)	(7.100)
Margem de contribuição	1.000	900	1.000	2.900
Despesas fixas – rateio proporcional à receita	(1.350)	(810)	(540)	(2.700)
Lucro operacional	(350)	90	460	200

Solução:

Você percebe pelo relatório que há uma distribuição dos custos fixos proporcionalmente à receita, o que poderá distorcer a análise. Ora, esse critério de distribuição dos custos fixos pode causar injustiças, pois o produto que tem a maior demanda acaba sendo aquele que absorverá o maior valor desses custos, o que, não raras vezes, não tem relação alguma com os recursos econômicos efetivamente consumidos pelo produto. Nesses casos, percebemos que a margem de contribuição é a variável que deve ser utilizada para a decisão e, pela análise desta, não se recomenda o corte de nenhum dos produtos, mas sim uma verificação dos elementos causadores dos custos fixos, como o consumo de energia elétrica, por exemplo.

Perguntas & respostas

1. Qual a característica fundamental do modelo de decisão?

   Resposta:

   É a orientação segura na tomada de decisões (usuais, repetitivas) para viabilizar a escolha da melhor alternativa entre diferentes cursos de ação. Os modelos utilizados devem conduzir o decisor para a decisão que agregue maior valor ao negócio.

2. Por que os relatórios contábeis tradicionais (balanço patrimonial e demonstração de resultado do exercício) não se constituem em modelos adequados de apoio às decisões?

   Resposta:

   Porque esses relatórios utilizam critérios de mensuração que são definidos por normas e princípios contábeis. Portanto, poderá haver uma inadequação, para efeito de decisão gerencial, da forma e do conteúdo característicos desses relatórios, necessitando-se, não raro, de ajustes e adaptações para que esses relatórios sejam utilizados como apoio nas decisões.

Questões para revisão

1. Qual a influência do modelo de gestão existente na empresa para um adequado funcionamento da controladoria?
2. Os modelos de decisão que apoiam os gestores são pertinentes e facilitam a gestão das empresas?

Para saber mais

É recomendável uma leitura mais atenta das seguintes obras para reforço dos conceitos que você estudou neste capítulo:

GOMES, J. S.; SALAS, J. M. A. **Controle de gestão**. São Paulo: Atlas, 1997.

MOSIMANN, C. P.; FISCH, S. **Controladoria**: seu papel na administração de empresas. 2. ed. São Paulo: Atlas, 1999.

NAKAGAWA, M. **Introdução à controladoria**: conceitos, sistemas e implementação. São Paulo: Atlas, 1993.

Estrutura organizacional 4

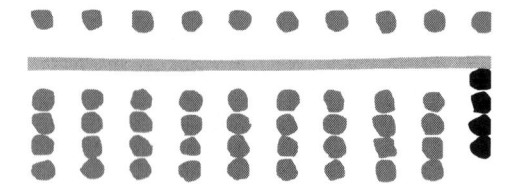

Conteúdos do capítulo:

- Estrutura organizacional.
- Departamentalização.
- Divisionalização.
- Áreas de responsabilidade.

Após o estudo deste capítulo, você será capaz de:

1. compreender a importância da estrutura organizacional adequada;
2. analisar uma estrutura organizacional para melhor avaliação de resultado;
3. entender os conceitos de departamentalização e de divisionalização;
4. aplicar o conceito de área de responsabilidade.

*E*m organizações de média complexidade, é impraticável aos proprietários acompanhar pessoalmente o desempenho de cada área ou função existente. Neste capítulo, vamos compreender como a organização pode reagir a essa complexidade por meio da departamentalização e da divisionalização, que consiste na atribuição de responsabilidades aos gestores. O papel da controladoria será o de mensurar a contribuição econômica de cada área de responsabilidade e reportar-se à administração da organização para efeito de acompanhamento de desempenho e resultado.

4.1 Importância da definição da estrutura

A **estrutura organizacional** é uma combinação lógica de responsabilidades, autoridades, comunicações, avaliações e decisões das unidades organizacionais de uma empresa. Ressaltamos que a organização não é um fim em si mesma, mas um meio de a empresa atingir seus objetivos, relativamente a bons resultados e desempenhos. Para o teórico da administração Drucker (1998, p. 184), antes de pensar sobre a estrutura adequada, os executivos devem se perguntar: *"Qual é e qual será nosso negócio?"* "Encontramos a mesma opinião em Hampton (1983, p. 232), quando ele afirma que pelo menos três considerações básicas devem orientar a atividade de organizar a estrutura: estratégia, tecnologia e meio ambiente.

- **Estratégia:** para Hampton (1983, p. 232), a afirmação "a estrutura acompanha a estratégia" deve ser considerada sempre. Embora sua observância não garanta, por si só, um desempenho eficaz da organização, a sua violação enfraquece o desempenho. Claro que deve haver uma estratégia definida e implementada, caso contrário, os gestores não terão condições de pensar sobre a estrutura adequada.
- **Tecnologia:** de acordo com o mesmo autor, "estudos indicam que para as empresas dedicadas à prestação de serviços, a tecnologia, especialmente a integração do fluxo de trabalho, era, também, uma consideração importante na procura pela administração das estruturas apropriadas" (Hampton, 1983, p. 232). Em uma estrutura descentralizada, por exemplo, por unidade de negócios, a tecnologia existente, tanto para suporte aos processos quanto para geração e distribuição das informações, deve proporcionar agilidade e segurança ao processo decisório e viabilizar a consolidação dos resultados das unidades na forma e no tempo certo requeridos.
- **Meio ambiente:** quanto mais instável e turbulento for o meio ambiente, maior é a necessidade para organizar a estrutura em bases mais temporárias, que permitam percepção e reação rápidas das mudanças que ocorrem fora da empresa.

O critério para determinar se uma estrutura é apropriada para uma determinada organização deve ser baseado na medida em que essa estrutura facilita o alcance dos objetivos da empresa. Encontramos, na literatura acerca do tema, três maneiras para descobrir qual o tipo de estrutura necessária para se atingir os objetivos de uma determinada empresa: análise das atividades, análise das decisões e análise das relações.

- **Análise das atividades:** deve-se descobrir quais são as atividades necessárias para atingir os objetivos da empresa. A análise das funções, para efeito de determinação da estrutura, leva a erros típicos como o de achar que essas funções podem ser aplicadas em todas as partes e a tudo sem análise prévia. Uma análise completa e detalhada das atividades é capaz de revelar qual trabalho precisa ser executado, quais espécies de trabalho devem ser agrupadas e qual deve ser o destaque de cada atividade na estrutura organizacional. A tarefa de analisar atividades é útil não só para definição da estrutura organizacional ideal, como também para efeito de avaliação de resultados.
- **Análise das decisões:** conforme Drucker (1998, p. 186), no estudo para se descobrir qual a estrutura necessária, devem ser feitas as seguintes perguntas:
  - Quais são as decisões necessárias para se obter o desempenho necessário à consecução dos objetivos?
  - Que tipo de decisões são essas?
  - Em qual nível da organização essas decisões devem ser tomadas?
  - Quais são as atividades que envolvem ou afetam as decisões?
  - Quais são os administradores que devem participar dessas decisões, sendo, no mínimo, consultados de antemão?
  - Quais administradores precisam ser informados após as decisões serem tomadas?

- **Análise das relações:** deve-se aqui atentar para as diversas relações existentes entre as áreas e entre seus respectivos gestores. A congruência de objetivos deve ser sempre buscada, ou seja, o objetivo final deve ser o resultado global, que será alcançado à medida em que se alcançam os resultados setoriais. Um cargo administrativo deve ser definido não só em função das atividades que serão realizadas, mas também em termos das contribuições que se esperam de seu desempenho para as atividades e áreas maiores da organização. A análise das relações compreende a busca constante da propalada sinergia, na qual o "todo" (por exemplo, o resultado global) deverá ser maior do que a simples soma das partes.

Como visto, definir que tipo de estrutura organizacional será implementada é tarefa das mais importantes a ser executada pelos administradores da organização. Uma estrutura com bases erradas, desconectada da estratégia global da organização e não congruente com as atividades existentes e com o meio ambiente, pode resultar em disfunções nos processos administrativos de planejamento, execução e controle, ao passo que a definição da estrutura adequada possibilita a execução das tarefas de forma racional, atingindo os objetivos com eficiência e eficácia.

O pressuposto básico em uma estrutura organizacional divisionalizada em áreas ou centros de responsabilidade é o de que cada unidade terá determinada autonomia para explorar um dado volume de recursos, utilizando-se das ferramentas de gestão – como planejamento, execução e controle – de forma própria, visando otimizar o resultado da unidade, sempre objetivando a otimização do resultado corporativo.

Dessa forma, uma das primeiras preocupações da gestão corporativa é justamente definir os níveis desejados de centralização ou descentralização, dependendo de alguns fatores como: cultura da organização, filosofia dos gestores principais (proprietários e acionistas) e riscos envolvidos em cada unidade de negócios.

Com uma maior centralização, a autoridade é estabelecida nos escalões superiores da organização. Empresas centralizadas atribuem maior parte do poder de tomada de decisão para os executivos de graus superiores da hierarquia.

Com um maior nível de descentralização, a autoridade é delegada aos escalões inferiores, que possuem autonomia para decisões, geralmente de comando de operações e não necessariamente estratégicas. Os administradores buscam constantemente uma combinação perfeita entre autoridade, informação e competência. Um problema crítico enfrentado pelas organizações é que, muitas vezes, dada a dinâmica nas mudanças das condições e das tarefas, os administradores passam a não ter informações adequadas e tomam decisões erradas ou ficam impossibilitados de tomá-las. Por outro lado, os funcionários de escalão mais baixo podem ficar privados das informações de que necessitam para poder agir e decidir com sabedoria.

Centralização é quando existe a concentração da autoridade e das decisões no topo da organização. Já a **descentralização** ocorre quando a autoridade e as decisões são dispersadas ao longo dos níveis mais baixos. Ocorre a descentralização quando há a delegação da responsabilidade na tomada de decisão da administração superior para os funcionários dos níveis mais baixos da empresa. A centralização tem como característica negativa sobrecarregar o executivo principal com uma série de decisões sobre assuntos que ele, muitas vezes, não conhece. Além disso, em uma estrutura centralizada, o executivo passa grande parte do seu tempo decidindo sobre questões operacionais e de processos, ao passo que deveria ocupar-se, muitas vezes, com questões estratégicas e de negócios.

A solução nesses casos é optar pela descentralização – muitas vezes, pela mudança para estruturas por produto, por cliente ou território – para fazer com que os problemas encontrem as suas soluções em níveis mais baixos da hierarquia da organização. O grau de centralização que faz melhor uso das capacidades dos empregados é o objetivo. Drucker (1998) informa que existem dois princípios estruturais que podem ser aplicados isoladamente ou em conjunto. Sempre que possível, afirma o autor, deve-se:

> Integrar as atividades segundo o princípio da descentralização federal, que organiza as atividades em empresas autônomas, cada uma com seu mercado e seu produto, cada uma com sua própria responsabilidade pelos lucros e perdas. Quando isso não for possível, recorre-se à descentralização funcional, que cria unidades integradas com um máximo de responsabilidade por um estágio básico e distinto do processo empresarial. (Drucker, 1998, p. 193)

A definição de maior ou menor grau de descentralização observa aspectos da abordagem contingencial da administração, pois a eficácia não é assegurada apenas pela forma como as tarefas são distribuídas e os resultados avaliados, mas também pela assimilação por parte das pessoas da cultura organizacional e do ambiente que permeia a organização. Nas organizações contemporâneas, os conceitos de centralização e descentralização não são mutuamente exclusivos. Por exemplo: em uma estrutura por unidade de negócios, que exige a descentralização, podem existir áreas totalmente centralizadas, dada a sua característica estratégica, como *marketing* e propaganda.

4.1.1 Delegação de autoridade

A descentralização vem acompanhada sempre da delegação, que é o processo pelo qual os gerentes atribuem tarefas, autoridade e responsabilidade para completá-las. A delegação deve sempre vir acompanhada de um sistema de comunicação eficaz, permitindo às pessoas incumbidas de determinadas tarefas entenderem sua autoridade e suas responsabilidades de modo claro.

A delegação de autoridade é uma opção dos gestores do topo de qualquer organização, em vista do que não poderão incumbir-se de todas as tarefas operacionais e, concomitantemente, pensar a organização nos aspectos estratégicos e táticos. A delegação de autoridade deve vir do gestor com poder para tanto, e o indivíduo a quem a autoridade é delegada deve possuir a competência para executar os atos decorrentes da delegação.

Autoridade é o direito de fazer alguma coisa. Ela pode ser o direito de tomar decisões, de dar ordens e de requerer obediência, ou simplesmente o direito de desempenhar um trabalho que foi designado. A opção pela delegação de autoridade pressupõe a disponibilização de recursos (essencialmente recursos humanos) para que o desempenho seja alcançado com eficiência. A delegação de autoridade pode ocorrer em qualquer nível da organização, principalmente nas grandes empresas, dada a complexidade das tarefas e a multiplicidade dos cargos.

Para os especialistas em teoria das organizações, a autoridade é delegada em graus diferentes, isso porque há uma estreita relação entre a amplitude (quantidade) de controle necessária e a quantidade de delegação de autoridade envolvida.

Podemos perceber isso, conceitualmente, no desenho de uma estrutura e seu estilo de gestão.

Figura 4.1 – Estrutura organizacional e estilo de gestão

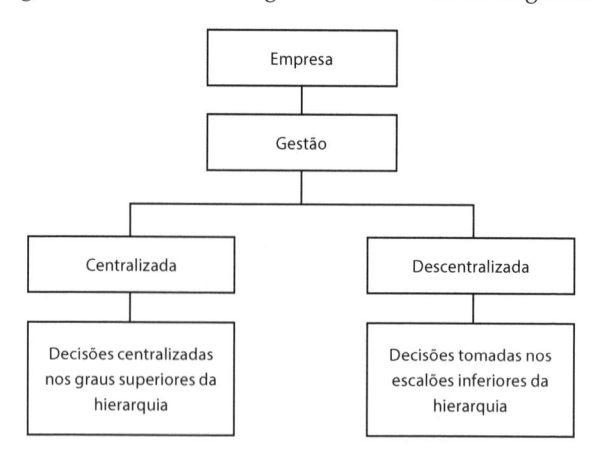

```
                    ┌─────────────┐
                    │   Empresa   │
                    └──────┬──────┘
                           │
                    ┌──────┴──────┐
                    │   Gestão    │
                    └──────┬──────┘
                ┌──────────┴──────────┐
        ┌───────┴──────┐      ┌───────┴────────┐
        │  Centralizada│      │ Descentralizada│
        └───────┬──────┘      └───────┬────────┘
                │                     │
   ┌────────────┴─────────┐  ┌────────┴──────────────┐
   │ Decisões centralizadas│  │ Decisões tomadas nos  │
   │ nos graus superiores  │  │ escalões inferiores da│
   │ da hierarquia         │  │ hierarquia            │
   └───────────────────────┘  └───────────────────────┘
```

A figura expressa o que foi exposto no texto, ou seja, o nível hierárquico em que preponderam as decisões determina o tipo de estrutura existente: centralizada ou descentralizada.

4.2 Áreas de responsabilidade: divisionalização e departamentalização

A **divisionalização** corresponde à divisão de uma empresa em unidades autoadministradas. Ocorre a divisionalização quando as unidades têm autoridade e responsabilidade para planejar, executar e, sendo possível, controlar variáveis relacionadas com mercado, produtos e processos.

A verdade é que as organizações tendem a responder ao tamanho, à dispersão e à complexidade por meio da divisionalização, pois a divisão de uma organização em unidades autogeridas – cada uma com suas próprias operações de produção, desenvolvimento e comercialização – reduz, para qualquer das unidades, a escala de complexidade a proporções mais administráveis; isso facilita a pronta adaptação de cada unidade a seu ambiente externo. A divisionalização pressupõe a autonomia para a própria unidade definir os aspectos de negócios de seu exclusivo interesse, embora tal liberdade de ação não deve resultar em perda de oportunidade de maximização da riqueza total da organização.

Não devemos confundir **divisionalização** com **departamentalização**, pois esta última se refere apenas à divisão da empresa em departamentos. **Departamento** é a unidade mínima administrativa para a contabilidade de custos, representada por homens e máquinas (na maioria dos casos), que desenvolvem atividades homogêneas.

Diz-se *unidade mínima administrativa* porque sempre há um responsável para cada departamento ou, pelo menos, deveria haver. Não é intrínseco ao conceito de **departamentalização** a autonomia nem a responsabilidade do gestor pelos resultados específicos de sua área, a não ser que especificamente contemplados pelo modelo de gestão. Ora, dado que uma organização possui determinado objetivo, é possível identificarmos as tarefas unitárias necessárias à realização desse objetivo. No processo de organização, cada departamento é considerado um conjunto definido de tarefas a serem distribuídas entre os empregados, que devem executá-las.

Portanto, a departamentalização é inerente a qualquer organização, pois refere-se à racionalização do trabalho, ao agrupamento de atividades comuns em tarefas específicas para atingir o objetivo global da empresa. A divisionalização é uma opção que a organização faz visando à exploração de nichos específicos de mercados, tendo como parâmetros diversos fatores, como diversidade de mercado, processo de produção e comercialização e tamanho.

Podemos compreender essa questão da seguinte forma:

Figura 4.2 – Diferenças entre departamentalização e divisionalização

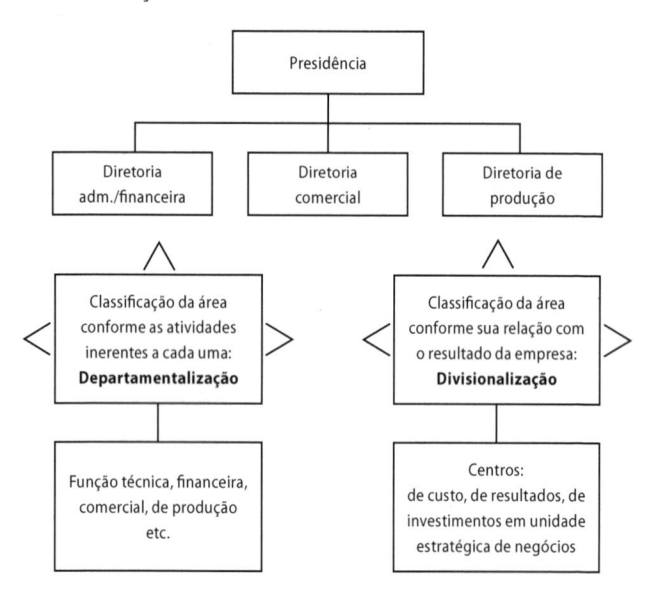

```
                        ┌─────────────┐
                        │ Presidência │
                        └─────────────┘
          ┌────────────────┼────────────────┐
   ┌──────────────┐ ┌──────────────┐ ┌──────────────┐
   │  Diretoria   │ │  Diretoria   │ │ Diretoria de │
   │ adm./financeira│ │  comercial  │ │   produção   │
   └──────────────┘ └──────────────┘ └──────────────┘
```

Classificação da área conforme as atividades inerentes a cada uma: **Departamentalização**	Classificação da área conforme sua relação com o resultado da empresa: **Divisionalização**
Função técnica, financeira, comercial, de produção etc.	Centros: de custo, de resultados, de investimentos em unidade estratégica de negócios

Em momentos de turbulência econômica, o *controller*, além de todas as informações sobre o Sistema de Informações Gerenciais (SIG), que mensuram a estrutura interna da empresa, pode e deve oferecer aos executivos informações que permitam uma análise do reflexo das variáveis externas no ambiente de negócios:

- **Câmbio**: como a empresa pode aproveitar-se da política cambial vigente para estabelecer negócios com o exterior.
- **Mercados inexplorados**: de que forma a empresa pode prospectar mercados até então desconhecidos, como o continente africano, especialmente em países onde a tecnologia disponível é igual ou inferior à nossa, e as necessidades vão desde o setor agrícola, passando pelo manufaturado, até o industrializado.
- **Análise da concorrência**: o modelo deve possibilitar a estruturação de bancos de dados sobre a concorrência, visando analisar as políticas adotadas, e estabelecer

estratégicas visando neutralizar uma possível vantagem competitiva dos concorrentes.

Para tanto, o modelo decisório implantado deve ser reavaliado e ampliado, possibilitando que novas tecnologias de mensuração sejam incorporadas. Citamos, por exemplo, a contabilidade dos recursos humanos e outros ativos intangíveis – como produtos e serviços de alta qualidade, funcionários motivados habilitados, processos internos eficientes e consistentes e clientes satisfeitos e fiéis –, cuja mensuração e divulgação pela contabilidade ficam prejudicadas nos modelos tradicionais de informações contábeis.

As mensurações e análises efetuadas pela controladoria não devem contemplar apenas uma parte específica de um determinado negócio, muito menos dar atenção ao todo da organização, esquecendo de suas divisões (tarefas, atividades, áreas etc.). Deve, sim, mensurar, analisar e reportar a contribuição de cada segmento empresarial (ou **área de responsabilidade**) individualmente, para efeito de verificação de possíveis incongruências entre os objetivos propostos para cada parte e suas efetivas realizações. Esse será o assunto do próximo tópico.

4.3 Áreas de responsabilidade: conceito, objetivo e responsabilidades do gestor

A economia brasileira experimenta seguidas transformações, seja em sua estrutura (desregulamentação, logística, comércio eletrônico), seja na conjuntura (controle da inflação, flexibilização do câmbio etc.). Essas transformações exigem dos investidores a busca de meios de sustentação do negócio e o aumento da capacidade para fazer frente à concorrência. O proprietário, em uma empresa de menor porte, invariavelmente é responsável por todas as funções (compras, vendas, administrativo etc.).

Entre manter o mesmo nível de atividade – mantendo, consequentemente, o mesmo porte – ou aumentar o nível de atividade – aumentando o volume de produção e vendas, visando expandir ou conquistar novos mercados –, muitos empresários optam pela segunda opção. Nesse caso, o proprietário, que na estrutura menor era também o gestor, já não consegue responsabilizar-se por todas as funções empresariais, havendo a necessidade de contratar pessoas e delegar-lhes as responsabilidades e a autoridade que sejam compatíveis com as funções que serão desempenhadas. Uma **área de responsabilidade** é uma unidade da empresa na qual um gerente é responsável pelo controle na forma de custo (centro de custos), receita (centro de receitas), lucros (centro de lucros) ou retorno sobre investimentos (centro de investimentos).

Portanto, todas as organizações, independentemente do porte, do ramo de atividades e de sua finalidade (lucrativa ou não), devem se preocupar com a estruturação de sistemas de responsabilidades, autoridades, comunicações e decisões, visando adequados controle e acompanhamento de suas atividades. Na definição dos níveis de autoridades e responsabilidades, é importante que se defina o tipo de estrutura que será implementada: centralizada ou descentralizada. Dessa forma, uma das primeiras preocupações da gestão corporativa é justamente definir os níveis desejados de centralização ou descentralização, dependendo de alguns fatores, como cultura da organização, filosofia dos gestores principais (proprietários e acionistas) e riscos envolvidos em cada unidade de negócios.

Enquanto a empresa cresce e se torna mais complexa, é necessário também um maior número de áreas e de níveis hierárquicos. Em essência, a organização busca criar um sistema cooperativo e coordenado de trabalho em função dos objetivos gerais. Resolver problemas de coordenação (mediante análise do agrupamento das funções) e de autoridade e responsabilidade pelas decisões (com a clarificação de papéis e de níveis hierárquicos) por certo maximiza o aproveitamento total dos esforços em direção aos objetivos da empresa.

Uma área de responsabilidade é uma unidade da empresa sob a supervisão de um executivo responsável por suas atividades, pois a empresa é um conjunto de centros de responsabilidade, cada qual representado por um segmento específico do negócio.

Uma área de responsabilidade tem um objetivo determinado, devendo cumprir com suas finalidades. Estas dizem respeito a ajudar a alta administração a implementar a estratégia definida. A congruência de objetivos entre todas as áreas deve ser assegurada em virtude de que o desempenho de uma área não pode ocorrer em detrimento do desempenho global da empresa.

Um objetivo importante de uma organização com fins lucrativos é obter lucros; o volume do lucro é, portanto, um importante parâmetro de avaliação da eficácia. Como o lucro é a diferença positiva entre a receita, que é uma medida das entradas, e a despesa, que é uma medida das saídas, ele é também uma medida da eficiência. Assim, o lucro mede a eficácia e a eficiência. Quando existe um parâmetro de avaliação, não é necessário determinar a importância relativa da eficácia em face da eficiência. Quando tal parâmetro não existe, é possível e útil determinar parâmetros de desempenho para a eficiência e a eficácia.

Quando ocorre a delegação de autoridade para a realização de atos de gestão, é possível verificar a eficácia por meio da confirmação da ocorrência de dois fatos: verificação de quão próximo ou distante do objetivo está a pessoa encarregada por alguma coisa e verificação da preocupação dessa pessoa em prestar contas de seus atos.

Entendemos que uma pessoa, ao incumbir-se de determinadas tarefas, está implicitamente assumindo a responsabilidade sobre elas. Não deve haver dúvidas sobre a abrangência da responsabilidade inerente a um indivíduo, ao executar determinada função, em vista de que deve existir clareza sobre quais variáveis serão controladas e quais estarão fora do seu controle e, portanto, não lhe deverão ser cobradas.

A definição das áreas de responsabilidade em uma organização permite o estabelecimento, entre outros, de controles operacionais – que visam à eliminação do risco de desvios, erros e fraudes em virtude da execução da gestão em áreas bem especificadas e da existência da responsabilidade claramente atribuída a alguém – e de uma cultura organizacional que privilegie a avaliação de desempenhos, tanto de pessoas como de áreas e até de negócios específicos.

A utilização do conceito de **área de responsabilidade** requer uma clara definição das funções e das responsabilidades dos gestores, a identificação das variáveis controláveis e não controláveis pelo gestor e a participação dos gestores no planejamento de suas atividades.

Essas afirmações reforçam a necessidade de que, no estabelecimento de áreas de responsabilidade, sejam adequadamente estudados a forma de implantação e o escopo de autoridade e responsabilidade que serão estabelecidos.

Figueiredo e Caggiano (1997, p. 211) entendem que:

> A natureza da estrutura organizacional e o tipo dos centros de responsabilidade estabelecidos dependerão em parte do tamanho da organização e em parte do estilo de gestão adotado. A responsabilidade e a autoridade estão inter-relacionadas.

Responsabilidade é a obrigação de se exercer efetiva e coerentemente determinada autoridade. Fica subentendido também que o gestor que se responsabiliza por alguma tarefa ou decisão deve responder por esses atos, estando sujeito à respectiva prestação de contas.

Um aspecto importante na abordagem de áreas de responsabilidade é o de que o tomador de decisões fica bem próximo dos fatos que ocorrem em sua área, e esse fator agiliza o processo decisório e o controle das operações. Um centro de responsabilidade pode ser definido como um segmento da organização em que cada gestor fica responsável pelo seu desempenho, sendo que em toda a empresa há a necessidade da identificação das unidades e dos respectivos responsáveis por produzir, vender e investir. Então, faz-se necessário acompanhar e avaliar o desempenho de cada uma das unidades separadamente, objetivando corrigir distorções porventura ocorridas.

A divisão em áreas de responsabilidade é imprescindível para que se possa medir o desempenho em cada parte da empresa, e não apenas como um todo. É necessário, para tanto, definir centros de responsabilidade encarregados das atividades da produção, das vendas, dos investimentos e da administração. Para avaliar o desempenho de cada área de uma organização, torna-se estratégico atribuir a um responsável o resultado dessa avaliação (responsabilidade). Essa pessoa deve ter autonomia na gestão do seu centro, visando à maximização do uso dos recursos à sua disposição (autoridade). O objetivo principal da divisão da empresa em áreas de responsabilidade é fornecer a cada responsável, por intermédio da contabilidade por responsabilidade, informações contábeis sobre o segmento da empresa que ele administra. No estudo e implantação do conceito de áreas de responsabilidade, devem ser observados os seguintes pontos:

- identificação das áreas de responsabilidade e dos centros de resultados em que se deve segmentar a empresa. Para tanto, há de se fazer um estudo entre produtos, negócios e áreas geradoras de resultado dentro da empresa, que podem ser físicas ou apenas virtuais;
- definição dos conceitos de mensuração a serem aplicados;
- definição do sistema de transferência entre os centros de resultados e as atividades, incluindo os critérios de mensuração para os preços de transferência;

- definição do momento das transferências;
- definição dos procedimentos gerais do fluxo de informações entre os centros de resultados ou as atividades segmentadas no sistema.

Anthony (1974, p. 279) define **centro de responsabilidade** como uma unidade de organização chefiada por uma pessoa responsável. Conforme o autor, o centro é responsável pelo desempenho de alguma função, que é seu produto, e pela aplicação de recursos, ou insumos, tão eficientemente quanto possível no desempenho dessa função. A análise segmentada da organização, por centro de resultados, permite que se faça a alocação de recursos da forma que mais contribua para a maximização do resultado global e ajude a gerência superior a focalizar o que de fato é mais importante para se atingir dos objetivos pretendidos.

Exemplo prático

Em uma universidade particular, no momento da definição das áreas de responsabilidade, deve ser levado em consideração que cada faculdade possui um ou mais produtos, um processo de negócio e um mercado específicos. Essa premissa, ou seja, a especificidade inerente a cada faculdade, permite a caracterização desta como unidade de negócios.

4.4 Tipos de áreas de responsabilidade

Há quatro tipos principais de áreas ou centros de responsabilidade, segundo a natureza das entradas com valor monetário, das saídas com valor monetário ou de ambas:
- centros de custos ou despesas;
- centros de resultados ou de lucro;
- centros de investimentos;
- unidades estratégicas de negócios.

Essa classificação do tipo de área de responsabilidade está relacionada à contribuição de determinada área com o resultado global da empresa. Vimos que na departamentalização há uma divisão em partes da empresa, conforme a função da área. A departamentalização é decorrência, portanto, da especialização de cada segmento da organização. Denominações como *recursos humanos*, *contabilidade* e *tesouraria* dizem respeito à homogeneidade de tarefas executadas em cada divisão da organização.

A base para execução da contabilidade por responsabilidade é o conceito de **controlabilidade**. Em princípio, só devem ser contabilizados como eventos econômicos os elementos patrimoniais para um responsável, desde que este tenha condições e poderes para tomada de decisão sobre eles. Só pode existir avaliação de desempenho sobre elementos e fatores sob domínio do gestor. Essa é a ideia da controlabilidade. Já a divisionalização pressupõe uma relação da área com o resultado econômico da organização.

4.4.1 Centro de custos

A definição de **centro de custos** como área de responsabilidade ocorre quando o gestor tem responsabilidade apenas sobre os custos e as despesas inerentes a sua área. Embora todas as áreas executem determinados serviços e possam ter atribuídas a si determinadas receitas, nem sempre existe uma forma objetiva de valoração desses serviços. Nesses casos, atribui-se ao gestor responsável pela área apenas o controle e a avaliação com base nos custos relativos ao respectivo centro. É o mais comum dos conceitos de área de responsabilidade e, conforme Iudícibus (1995, p. 268), "é a menor fração de atividade ou área de responsabilidade para a qual é feita a acumulação de custos".

Pode-se definir *centro de custos* como a unidade mínima de acumulação de custos indiretos de fabricação. A responsabilidade atribuída a determinado gestor pelos custos imputados a sua área deve ser acompanhada da separação dos custos em controláveis e não controláveis. A longo prazo e no âmbito global da empresa, todos os custos são controláveis, ou seja, sempre há um responsável por qualquer custo incorrido em determinado período.

Custos controláveis são todos aqueles passíveis de influência direta de um supervisor ou gerente durante certo período de tempo. A separação em custos controláveis e não controláveis é importante para que o controle de custos sobre os quais o gestor de uma área não tem autonomia não seja cobrado dele; por exemplo, a mão de obra (função do mercado e aumentos salariais negociados com o sindicato). Podemos entender que a divisionalização por centro de custos é adequada para organizações ou unidades altamente centralizadas.

Exemplo prático

Ainda na universidade particular, as áreas de apoio, como recursos humanos, tesouraria, protocolo, registros acadêmicos e outras, por suas características de geradoras de custos e pela dificuldade de atribuir-lhes objetivamente algum tipo de receita, caracterizam-se mais facilmente como **centros de custos**.

4.4.2 Centros de resultados

Esse tipo de conceito de área de responsabilidade é indicado quando é possível atribuir-se a determinada área o valor das receitas geradas por ela. A vantagem desse conceito de centro de responsabilidade, em relação ao de centro de custos, é que a motivação para o gestor é maior quando ele é avaliado pelo que agrega financeiramente ao negócio total da empresa (centro de resultados ou centro de lucro), e não apenas pelo que gasta (centro de custos).

Drucker (1992, p. 59), ao se expressar sobre o controle por resultados, afirma:

> De modo geral, focalizar os recursos nos resultados é o melhor e mais eficaz controle de custos. Afinal, o custo não existe por si mesmo. Ele é sempre incorrido – ao menos na intenção – em nome de um resultado. Portanto, o que importa não é o nível absoluto de custo, mas a proporção entre esforços e seus resultados.

Pela afirmação citada, podemos entender que o controle por resultados, quando possível, permite o acompanhamento mais próximo da área-objetivo e possibilita o estudo de quais unidades ou produtos estão contribuindo mais ou deixando de contribuir para a maximização do resultado global. Claro está, portanto, que, se é possível a mensuração e atribuição de uma receita a um centro, ele se enquadra como centro de lucro ou de resultados. No caso de não haver diretamente uma receita gerada pelo centro, pode-se atribuí-la por meio do conceito de preços de transferência. Visando a uma avaliação de desempenho justa para todas as áreas que reflita efetivamente o valor adicionado ao produto pelo centro vendedor, o preço de transferência deve ser estabelecido de modo que reflita, da forma mais real possível, uma transação normal de mercado.

Ao estudarmos a aplicação de preços de transferência para uma determinada organização, devemos observar o grau de interdependência e a respectiva interação entre suas unidades componentes. Na estrutura verticalizada (quando o produto de uma unidade é, ao mesmo tempo, insumo de outra), as transações internas são numerosas e influenciam sobremaneira a avaliação do desempenho das duas unidades. Já para as estruturas horizontalizadas, a interdependência tende a ser menor em função do pequeno número de transações entre unidades.

Exemplo prático

Na nossa universidade particular, fazendo uso dos conceitos atinentes à divisionalização, existe a possibilidade da classificação do curso, tanto de graduação como de pós-graduação, como **centro de resultados**. É necessário, nesse caso, que o sistema de informação existente na organização possibilite a atribuição das receitas e dos custos e despesas diretamente relacionados a cada curso.

4.4.3 Centros de investimentos

A caracterização de uma área como **centro de investimentos** representa o último estágio na descentralização do processo de tomada de decisão. Nesse tipo de área de responsabilidade, o gestor é responsável não só pelos custos e resultados de sua área, mas também pelos capitais investidos na sua divisão.

Iudícibus (1995, p. 271) afirma que *centro de investimentos* "é um centro de lucro, porém o sucesso ou insucesso relativo não é mensurado pela diferença entre receitas e despesas, mas sim por esta diferença relacionada com algum conceito de investimento realizado". Para esse autor, o centro de investimentos é o melhor conceito de área de responsabilidade, pois o lucro deve ser relacionado com o que foi investido, a fim de obtermos a lucratividade relativa. A dificuldade na avaliação de desempenho por centro de investimentos é o que torna muitas vezes difícil de mensurar adequadamente o valor dos investimentos em cada área respectiva. Para determinar o nível de ativos que um centro de responsabilidade usa, entende-se que deve haver a atribuição de responsabilidade para ativos conjuntamente usados, como dinheiro vivo, edifícios e equipamentos; e ativos conjuntamente gerados, como contas a receber.

Exemplo prático

O conceito de **centro de investimentos**, em nossa universidade particular, pode ser aplicado aos cursos de graduação, desde que seja possível a determinação do valor dos investimentos relacionados a eles. Torna-se mais complexa essa classificação em virtude da dificuldade que se tem com relação à identificação (quantificação) e à mensuração adequada desses investimentos em cada curso.

4.4.4 Unidade de negócios

A divisionalização em centros de responsabilidade é necessária e útil para que a organização possa se estruturar de forma que todas as suas áreas e atividades possam ser adequadamente avaliadas.

A mensuração do desempenho operacional é dependente do modelo de gestão adotado, e um dos componentes do modelo de gestão é o **estilo de gestão**. Esse componente retrata a filosofia dos gestores principais em termos de centralização ou de descentralização do poder de decisão, bem como da distribuição da informação aos setores envolvidos em determinado processo.

A avaliação de desempenho deve fornecer a condição de que seja informada a que distância do objetivo está o gestor responsável por alguma área ou atividade. Deve, igualmente, demonstrar a eficiência com que determinada área ou processo consome recursos numa estruturação por centros de custos – ou mensurar o valor com que uma área contribui para o resultado global da empresa, numa estruturação por centros de resultados ou unidades de negócios. Podemos conceituar **unidade de negócios** como um segmento da companhia que possui clientes definidos, para os quais seus produtos e serviços satisfazem as necessidades e são produzidos e distribuídos conforme tecnologias específicas.

As unidades de negócios possuem duas características essenciais: independência operacional e acesso a produtos e mercados. Na verdade, essas unidades representam um agrupamento de atividades que possuem a amplitude de um negócio e atuam em perfeita interação com o ambiente. É possível afirmar que a estruturação por unidades de negócios representa uma das formas mais interessantes de otimização dos resultados da empresa, visto que o conjunto de produtos ou serviços integrantes da unidade representa, efetivamente, um negócio e deve apresentar os resultados como se assim o fossem.

A conceituação e a caracterização como unidade estratégica de negócios têm como objetivo dar autonomia às unidades estrategicamente formadas, para que estas efetuem seus planejamentos estratégicos, táticos e operacionais.

Na verdade, unidades de negócios são o resultado de subdivisões da realidade dos negócios da organização. As unidades de negócios possuem relativo grau de independência e características próprias para negociação e aproveitamento das oportunidades surgidas no mercado. A formação das unidades de negócios deve obedecer a critérios, tipos de produtos ou serviços, localização geográfica, clientela, entre outros, mas que sejam racionais e se mostrem eficazes na avaliação de desempenho de unidades especificadas.

Quando falamos sobre o modelo de gestão, vimos que ele deve proporcionar à organização a avaliação adequada de todos os processos no momento certo e com a qualidade necessária. Vimos também que o modelo de gestão deve estar integrado com o modelo de decisão, informação e mensuração, evitando a tomada de decisões conflitantes com o objetivo principal da empresa.

A filosofia de atuação de uma empresa por meio de unidades de negócios deve ser coerente com a estrutura organizacional existente e com o estilo de gestão dos principais gestores. Por meio desses conceitos, percebemos que o modelo de gestão existente na organização deve proporcionar a condição de que todos os processos sejam adequadamente avaliados, no momento certo e na qualidade necessária. Para evitar que sejam tomadas decisões conflitantes com os objetivos principais da empresa, deve-se definir um modelo de gestão que deve integrar-se com o modelo de decisão, informação e mensuração. Podem ser identificados quatro componentes da estrutura por unidade estratégica de negócios: responsabilidade, autoridade, decisão e comunicação.

O sistema de **responsabilidade** corresponde à alocação das atividades pelas diversas unidades organizacionais da unidade estratégica de negócios. *Autoridade* é o direito de dar ordens, enquanto *responsabilidade* significa responder pelos resultados. As duas coisas devem ser equilibradas, sem exceder nem se submeter à outra. No entender de Nakagawa (1993, p. 18),

> a essência da responsabilidade é a obrigação pela execução das atividades e prestação de contas dos resultados obtidos. A autoridade pode ser delegada, mas a responsabilidade não. A autoridade é a base fundamental da delegação, e a responsabilidade corresponde ao compromisso e obrigação de a pessoa escolhida desempenhá-la eficiente e eficazmente.

É importante que, no âmbito da unidade estratégica de negócios, sejam identificadas as **atividades-fim** e as **atividades-meio**, pois o executivo principal da unidade deve ter responsabilidade apenas sobre as atividades próprias da sua unidade, sendo que as atividades de apoio, comuns a outras unidades, devem estar a cargo da administração corporativa.

O sistema de **autoridade** diz respeito ao resultado da distribuição do poder pelas várias unidades organizacionais da unidade estratégica de negócios. O poder de decidir, de dar ordens e de requerer obediência é próprio da autoridade.

O sistema de **comunicação** corresponde ao resultado da interação entre as unidades organizacionais. Em uma estrutura organizacional por unidades estratégicas de negócios, a comunicação deve ser uma preocupação constante, pois, dado o nível de descentralização requerido, as informações, tanto no nível da unidade quanto no nível global do grupo, devem ser claras, tempestivas e objetivas. A comunicação deve estar estruturada em padrões de relatórios que mensurem adequadamente o desempenho de cada atividade e unidade.

O sistema de **decisões** corresponde ao resultado das ações sobre as informações, tendo em vista um resultado a ser alcançado. Esse sistema deve ser suportado por um sistema de informações adequado, que permita a avaliação do resultado das diversas ações levadas a efeito pelas diversas áreas de uma determinada unidade estratégica de negócios. Uma estrutura organizacional na qual prevalece a centralização nos processos de informação e decisão, bem como nas etapas de planejamento, tanto estratégico como operacional, é incompatível com a divisionalização por unidades de negócios, pois estas pressupõem uma acentuada liberdade de decisão ao executivo responsável.

A estruturação de uma empresa por unidades de negócios deve assegurar que seus gestores tenham liberdade para administrar os aspectos táticos e operacionais, facilitando a avaliação dos resultados e desempenhos de cada unidade.

Em princípio, a estruturação por unidades de negócios apresenta-se como uma alternativa para organizações com negócios diversificados, ou para empresas diversificadas em termos de produtos e serviços dentro de uma mesma indústria. Mas o controle por unidades de negócios mostra-se perfeitamente coerente em corporações que, numa primeira análise, parecem oferecer um mesmo serviço (como as universidades), mas, se observados aspectos como tipos específicos de clientes e, consequentemente, diferentes tipos de serviços e produtos a serem oferecidos, percebemos as particularidades de cada curso, departamento e faculdade existente, significando que o processo administrativo (planejamento, execução e controle) deve ser executado de forma particular e específica em cada unidade.

Exemplo prático

A estruturação em unidades de negócios permite que a universidade particular foque em determinadas áreas de negócios, na melhoria dos controles inerentes às áreas divisionalizadas (as faculdades) e em uma maior proximidade do negócio com o mercado. A preocupação que se deve ter nesse tipo de divisionalização é com relação à administração corporativa (discutida no item seguinte), visto que devem ser identificados os serviços comuns a todas as unidades – as atividades de suporte tais como contabilidade, financeiro, recursos humanos, *marketing*, auditoria e outros – e definidos quais serão centralizados na *holding* e quais serão descentralizados em cada unidade de negócios, para agilizar a realização das atividades-fim de cada uma.

O poder atribuído ao gestor da unidade estratégica de negócios relativamente à formulação das estratégias de sua unidade deve estar em sintonia com as políticas e estratégias definidas para a empresa como um todo, a fim de que uma estratégia adequada a determinada unidade (otimização do resultado de determinada área) não comprometa o resultado da corporação. O executivo responsável pelo desempenho da unidade deve saber compatibilizar as melhores estratégias e ações para sua unidade com a necessidade de incrementar o resultado global.

4.5 Avaliação de desempenho e resultado

O termo *desempenho* caracteriza a ação de cumprir ou desenvolver, da melhor forma possível, aquilo que se objetivou ou com o que se estava de algum modo compromissado. O desempenho na organização empresarial ocorre nos seus processos e por meio da interação sinérgica de várias perspectivas. O **desempenho** está ligado aos conceitos de **eficiência** e **eficácia**, necessários como padrões para sua mensuração, e está relacionado com a execução de uma atividade ou de um conjunto de atividades.

Eficiência diz respeito à relação insumo-produtos e expressa o grau de otimização de algum recurso no decorrer de um dado processamento. É a capacidade de se atingir os fins otimizando o uso dos recursos consumidos. Por sua vez, a ação é eficiente quando otimiza o uso dos recursos disponíveis ao atingir os fins, ou seja, é a **eficácia** dos resultados – a maneira como se atingiu determinado fim, comparando-o com algum parâmetro previamente estabelecido e fazendo uma avaliação do desempenho.

Avaliar é próprio da natureza humana, mas toda avaliação necessita, primeiramente, de padrões que possam ser utilizados para mensurar o quanto algo está próximo ou distante do objetivo pretendido. No contexto empresarial, a avaliação de desempenho precisa ser utilizada como uma ferramenta de gestão. **O objetivo é buscar a máxima eficácia nos processos, e não caracterizar a avaliação de desempenho como uma forma de coerção das pessoas, sem parâmetros e sendo um fim em si mesma.** Ou seja, a avaliação de desempenho deve estar inserida no modelo de gestão da empresa.

As necessidades constantes de *feedback* e de controle gerencial exigem que o desempenho das unidades seja frequentemente avaliado. Mas é preciso cuidado por parte da organização na definição das metas para as unidades, pois não se devem estipular metas relacionadas exclusivamente ao retorno sobre o capital empregado. Abordagens do tipo *meta única*, —com afirmações como "*Todas as unidades de negócios devem proporcionar um retorno sobre os ativos de no mínimo 20%*" —, provavelmente apresentarão sérias deficiências e talvez conduzam a estratégias míopes e, em última instância, autodestrutivas.

A solução óbvia e mais comum para esse dilema reside na adoção de uma abordagem multidimensional equilibrada, na definição das metas e na mensuração e avaliação do desempenho das unidades de negócios, como o *balanced scorecard* de Kaplan e Norton (1998), que contempla uma avaliação do desempenho empresarial de uma forma bem mais completa que os tradicionais sistemas de mensuração de desempenho existentes.

Em última instância, avaliar um desempenho significa julgá-lo ou atribuir-lhe um conceito diante de expectativas preestabelecidas. A avaliação de desempenho visa oferecer aos gestores informações sobre como estão sendo realizadas as atividades sob sua responsabilidade. Isso envolve a comparação dos resultados com as medidas ou os padrões preestabelecidos na fase de planejamento, bem como implementar ações corretivas, quando ocorrerem desvios na fase de execução dos planos de uma área de responsabilidade ou da entidade como um todo.

O final do século passado trouxe consigo a necessidade da revisão de muitos conceitos por muito tempo considerados paradigmas imutáveis. A avaliação de desempenho e de resultados integra o conjunto das premissas empresariais que necessita ser reestudado, visando sua adequação a um novo tempo e a uma nova sociedade, que enfatiza sobremaneira a informação e o conhecimento.

Novos métodos de avaliação de desempenho empresarial precisam ser testados e implementados pelas organizações. As publicações especializadas utilizam-se comumente de parâmetros econômico-financeiros para avaliar o desempenho empresarial: volume de vendas/faturamento, patrimônio econômico, retorno sobre investimentos, lucro, liquidez, entre outros dessa natureza. Esses parâmetros são limitados para avaliar a excelência empresarial das empresas válidas, pois equalizam seu desempenho num conjunto de variáveis-padrão.

Na avaliação de desempenho empresarial, devemos relacionar os resultados obtidos pela organização com os motivos pelos quais ela existe, ou seja, com suas finalidades externas e internas. Se a avaliação de desempenho está relacionada às ações executadas pelos gestores, a avaliação de resultados diz respeito à mensuração das contribuições proporcionadas por essas ações.

O termo *resultado* relaciona-se ao produto de certa operação, ou seja, é consequência ou efeito de determinada ação. A avaliação de desempenho em qualquer organização requer a análise cuidadosa, por parte dos gestores, de quais variáveis servirão de base para a avaliação e quais parâmetros serão utilizados para medir os resultados obtidos. A análise da margem de contribuição de cada produto ou serviço (considerando-se as receitas, custos e despesas variáveis relacionadas a ele) poderá representar a forma mais apropriada de avaliação de resultado. Uma organização estruturada por centros de responsabilidade requer que se identifiquem os custos controláveis e os não controláveis em cada unidade. Para uma correta avaliação de resultado, é importante também que o sistema de informações existente permita o registro e a análise dos eventos diretamente em cada unidade geradora de resultado. Esses fatores permitirão que os gestores tomem decisões consistentes com sua autoridade e que possam avaliar os resultados dessas decisões.

No aspecto econômico e financeiro, a avaliação de desempenho deve ser realizada conforme padrões de análise tradicionais, como rentabilidade do produto ou serviço, retorno dos investimentos, margem de contribuição, inadimplência, entre outros. A controladoria terá a atribuição de sintetizar os resultados (lucro ou prejuízo) de cada centro.

Figura 4.3 – Desempenho e resultado

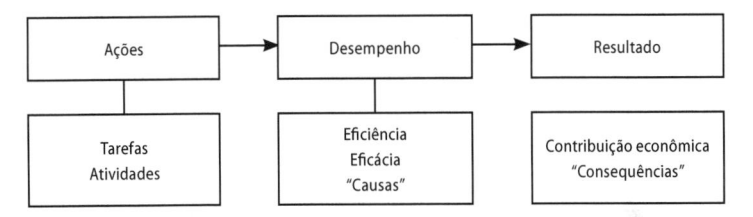

| Ações | → | Desempenho | → | Resultado |

| Tarefas / Atividades | Eficiência / Eficácia / "Causas" | Contribuição econômica / "Consequências" |

A complexidade e a extensão dos negócios dificultam, ou até mesmo impedem, o acompanhamento *in loco*, por parte da alta administração, das ações e dos resultados individuais. Nasce, portanto, a concepção de divisionalização da organização, ou seja, seu desmembramento em áreas ou centros que executam determinada atividade e que apresentam um responsável com nível de autoridade adequado.

É a velha estratégia: dividir para governar.

Conforme as características da área e sua contribuição ao resultado global, cada divisão será enquadrada como:

- **Centro de custos:** o centro apenas consome recursos, portanto, seu gestor apenas responde pelo nível de consumo de recursos.
- **Centro de resultados:** nesse caso, existe a possibilidade de se atribuir uma receita ao centro e, portanto, o gestor será avaliado pelo nível de lucro ou prejuízo proporcionado em sua área.
- **Centro de investimentos:** nesse centro de responsabilidade, é possível a identificação do valor dos investimentos que lhe são específicos; a responsabilidade do gestor se dará por percentual estipulado de recuperação do investimento.
- **Unidade estratégica de negócios:** o gestor tem considerável autonomia, inclusive estratégica, apenas limitada ao escopo estratégico corporativo.

O SIG fornecerá a estrutura de informações necessária para a mensuração e o controle adequados de cada segmento da atividade empresarial.

Síntese

A estruturação da empresa em áreas de responsabilidade permite a análise da contribuição de cada divisão para a eficácia global da empresa. A Figura 4.4 a seguir apresenta uma proposta de como podemos analisar a estrutura organizacional para efeito de divisionalizá-la.

Figura 4.4 – Identificação da área de responsabilidade

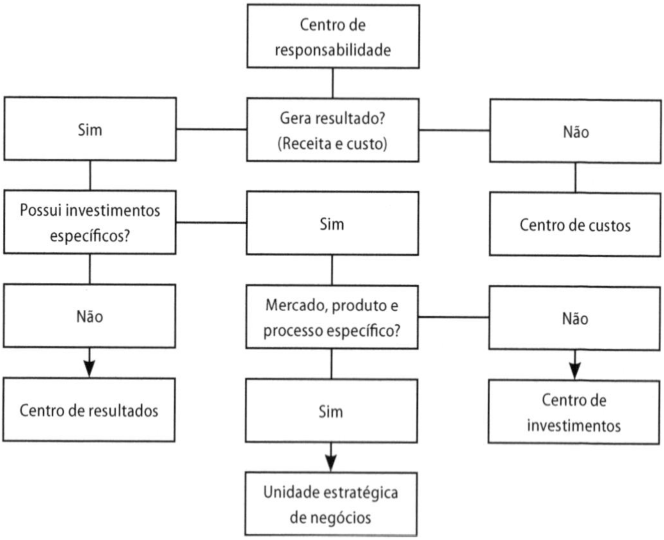

```
                    Centro de
                    responsabilidade
                         |
         ┌───────────────┴───────────────┐
         |          Gera resultado?       |
        Sim         (Receita e custo)    Não
         |                                |
 Possui investimentos        Sim          Centro de custos
 específicos?
         |                                
 ┌───────┴──────┐                         
Não            Mercado, produto e    Não
               processo específico?       |
 |                   |                    |
Centro de          Sim                Centro de
resultados                            investimentos
                     |
              Unidade estratégica
              de negócios
```

Exercícios resolvidos

A seguir, apresentamos um organograma de uma universidade privada. De que forma poderíamos divisionalizá-la para que houvesse a possibilidade de uma análise de resultado e de desempenho mais racional?

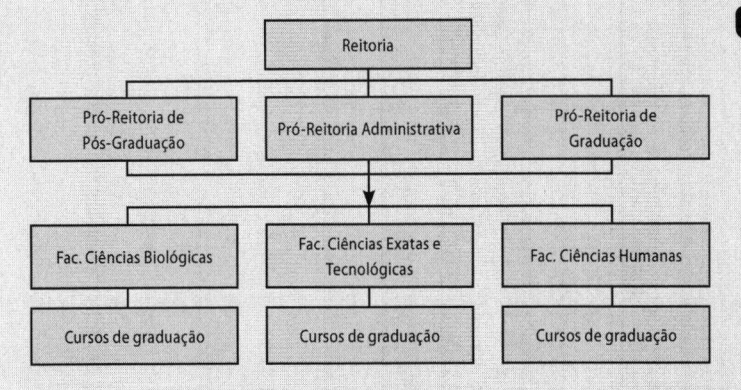

```
                    ┌──────────┐
                    │ Reitoria │
                    └──────────┘
        ┌────────────────┼────────────────┐
┌───────────────┐ ┌───────────────────┐ ┌───────────────┐
│ Pró-Reitoria de│ │Pró-Reitoria       │ │Pró-Reitoria de│
│ Pós-Graduação  │ │Administrativa     │ │ Graduação     │
└───────────────┘ └───────────────────┘ └───────────────┘
                           │
        ┌──────────────────┼──────────────────┐
┌───────────────┐ ┌───────────────────┐ ┌───────────────┐
│Fac. Ciências  │ │Fac. Ciências Exatas│ │Fac. Ciências  │
│ Biológicas    │ │ e Tecnológicas    │ │  Humanas      │
└───────────────┘ └───────────────────┘ └───────────────┘
┌───────────────┐ ┌───────────────────┐ ┌───────────────┐
│Cursos de      │ │Cursos de          │ │Cursos de      │
│graduação      │ │graduação          │ │graduação      │
└───────────────┘ └───────────────────┘ └───────────────┘
```

Resposta:

Pela estrutura apresentada, poderíamos tratar cada faculdade como uma unidade de negócios, pois são cumpridos os requisitos vistos neste capítulo para serem enquadradas como tal. E os cursos poderiam ser enquadrados como centros de resultados, visto que são unidades geradoras de receitas e consumidoras de recursos. A controladoria poderá ficar subordinada à Pró-Reitoria Administrativa. A figura a seguir ilustra o que comentamos:

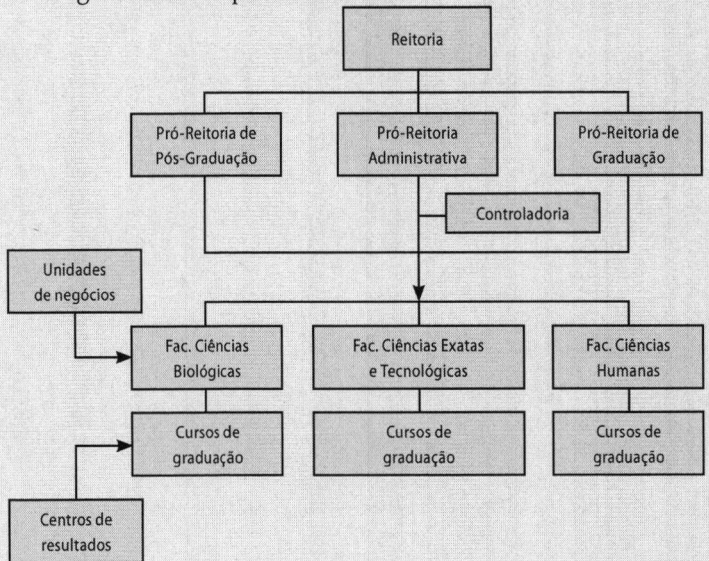

```
                           ┌──────────┐
                           │ Reitoria │
                           └──────────┘
              ┌───────────────┼───────────────┐
      ┌───────────────┐ ┌──────────────┐ ┌───────────────┐
      │ Pró-Reitoria de│ │Pró-Reitoria  │ │Pró-Reitoria de│
      │ Pós-Graduação │ │Administrativa│ │ Graduação    │
      └───────────────┘ └──────────────┘ └───────────────┘
                                │
                         ┌──────────────┐
                         │ Controladoria│
                         └──────────────┘
                                │
┌──────────────┐                │
│ Unidades     │                │
│ de negócios  │                │
└──────────────┘                │
        │  ┌─────────────┬──────┴──────┬─────────────┐
        │  ┌─────────────┐ ┌─────────────┐ ┌─────────────┐
        └─▶│Fac. Ciências│ │Fac. Ciências│ │Fac. Ciências│
           │ Biológicas  │ │ Exatas e    │ │  Humanas    │
           │             │ │Tecnológicas │ │             │
           └─────────────┘ └─────────────┘ └─────────────┘
           ┌─────────────┐ ┌─────────────┐ ┌─────────────┐
        ┌─▶│Cursos de    │ │Cursos de    │ │Cursos de    │
        │  │graduação    │ │graduação    │ │graduação    │
        │  └─────────────┘ └─────────────┘ └─────────────┘
┌──────────────┐
│ Centros de   │
│ resultados   │
└──────────────┘
```

Perguntas & respostas

1. Em que consiste a departamentalização?

   Resposta:

   A departamentalização é inerente a qualquer organização, pois se refere à racionalização do trabalho e ao agrupamento de atividades comuns em tarefas específicas para atingir o objetivo global da empresa.

2. Cite alguns aspectos que devem ser analisados quando da implantação de uma área de controladoria.

   Resposta:

   Na implantação da controladoria, devem ser levados em consideração, entre outros aspectos, a estrutura organizacional, o modelo de gestão e os modelos de mensuração, informação e decisão, além, é claro, da análise da tecnologia de informação e dos sistemas de informações existentes.

Questões para revisão

1. Quais unidades de uma indústria poderiam ser consideradas centros de resultados?
2. Para efeito de gestão de valor, existem diferenças significativas entre departamentalização e divisionalização?

Para saber mais

Aqueles com interesse em um estudo mais aprofundado podem consultar:

MINTZBERG, H. **Criando organizações eficazes**: estruturas em cinco configurações. São Paulo: Atlas, 1995.

IUDÍCIBUS, S. de. **Contabilidade gerencial**. 5. ed. São Paulo: Atlas, 1995.

Controle e análises gerenciais: relatórios gerenciais

5

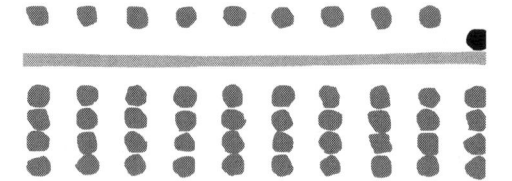

Conteúdos do capítulo:

- Relatórios gerenciais.
- Informação gerencial.
- Controle gerencial.
- Forma e conteúdo dos relatórios gerenciais.

Após o estudo deste capítulo, você será capaz de:

1. compreender o conceito e a utilidade dos relatórios gerenciais;
2. verificar a forma e o conteúdo adequados para os relatórios gerenciais;
3. discorrer sobre o controle gerencial e sua relação com a controladoria;
4. transformar relatórios oriundos da contabilidade financeira em relatórios gerenciais.

A informação gerencial é um dos produtos mais valiosos da controladoria. Neste capítulo, veremos que existe uma estrutura própria dos relatórios gerenciais, cuja forma e conteúdo diferem dos relatórios contábeis tradicionais.

5.1 Conceito de controle gerencial

O **controle gerencial** implica um conjunto complexo de atos, por parte dos líderes, visando à execução de atividades relativas ao planejamento, à coordenação, à comunicação, à avaliação e à decisão. Um adequado sistema de controle gerencial permite um acompanhamento sistemático e tempestivo das operações empresariais e a correção de rumos, se necessário. Os demais membros da organização são influenciados pelos executivos a atender ao que foi definido nos planos.

Portanto, o sistema de controle gerencial prescinde de uma área de controladoria que possa reportar os valores e outras métricas que correspondam aos fatos econômicos ocorridos.

Liderança, interação entre pessoas e áreas e comunicação eficaz são pressupostos para um bom controle gerencial.

5.2 Conceito e objetivo dos relatórios gerenciais

Relatórios gerenciais são exposições, sintéticas e analíticas, que servem de instrumento para subsidiar as decisões dos gestores. Constituem-se em modelos que representam determinadas realidades para a condução de uma gestão empresarial adequada. Têm por objetivo reportar informações acerca de eventos adequadamente mensurados, para que o processo decisório possibilite o atingimento da eficácia empresarial. Proporcionam, entre outras coisas, a comparação entre o desempenho orçado e o realizado. Li (1977, p. 319) afirma que os relatórios administrativos gerenciais objetivam fornecer pistas úteis para responder às seguintes perguntas:

- Nossos custos estão sob controle?
- Em caso negativo, em que ponto o custo saiu da linha e onde é necessária atenção?
- Quem é o responsável?
- Como podemos remediar a situação?
- Quem está trabalhando melhor do que o esperado e merece reconhecimento financeiro ou de outra espécie?

O conteúdo do relatório gerencial, obviamente, são as informações gerenciais. Como a informação gerencial apresenta certos requisitos, eles devem estar presentes também nos relatórios gerenciais, pois devem ser oportunos, estando disponíveis no momento requerido pelo gestor para apoiar sua decisão. Igualmente, devem ser comparativos, apresentando os desempenhos reais e os esperados, procurando alertar para áreas ou produtos em que as variações sejam mais significativas, e que necessitem mais urgentemente de correções ou ajustes. Anthony (1974, p. 284) afirma que "o período adequado de controle é o mais curto período de tempo em que a administração pode intervir utilmente e em que sejam prováveis as mudanças significativas no desempenho". O período é diferente, segundo o autor, para centros de responsabilidade diferentes e para itens diferentes nos centros de responsabilidade:

> Centro de responsabilidade é uma divisão da empresa que tem um responsável com nível desejado de autoridade. Os relatórios sobre a execução total, especialmente aqueles que se encaminham para os altos níveis da administração, muitas vezes são mensais, trimestrais, mas em certos casos devem ser diários. (Anthony, 1974, p. 284)

Também é fundamental que o relatório administrativo, ou gerencial, seja analítico. Fornecendo as causas prováveis das variações, ele pode mais facilmente chamar a atenção da administração para as deficiências porventura constatadas e relatadas. Deve ser pertinente, reportando apenas informações a partir das quais a gestão da empresa possa agir, devendo ser, portanto, conciso. A concisão implica dar ênfase somente às questões relevantes, economizando tempo de leitura e obtendo melhor compreensão do seu conteúdo.

5.3 Estrutura (forma e conteúdo) dos relatórios gerenciais

Os gestores envolvem-se cotidianamente na tomada de decisões e, por essa razão, necessitam constantemente de informações que possam reduzir a incerteza na escolha da alternativa mais adequada ao contexto. Para isso, valem-se dos **relatórios gerenciais**, que são estruturas informativas com determinadas características e que, de certa forma, materializam os modelos utilizados para a gestão de valor na empresa.

Podemos transformar um relatório contábil tradicional – como a demonstração do resultado do exercício – de um formato estabelecido pela legislação societária (Lei n. 6.404/1976) para um formato gerencial, que contenha informações com características próprias para apoiar o gestor no processo decisório.

Na estruturação do orçamento, por exemplo, é importante que façamos uma análise prospectiva para sabermos o impacto no endividamento, na liquidez, na rentabilidade, na geração de caixa etc. dos planos previamente estabelecidos. No momento da estruturação de relatórios gerenciais, um aspecto relevante a ser considerado é que tipo de informação será processada e comunicada. Nesse sentido, entende-se que a contabilidade gerencial deve produzir e distribuir informações relevantes.

Mas o que é informação relevante? A relevância da informação relaciona-se com a decisão a ser tomada, o que, essencialmente, envolve escolher entre diversos cursos de ação. Os contadores gerenciais, ou *controllers*, têm um papel importante no processo de tomada de decisão, como gerenciadores e distribuidores de informação relevante, pois seu desempenho é o de um verdadeiro assessor técnico especializado em análises financeiras, que ajuda os gestores a focalizar a informação relevante que os conduzirá à melhor decisão.

Portanto, a relevância da informação está relacionada à capacidade desta de conduzir o gestor à escolha da melhor alternativa entre duas ou mais que se apresentem. Segundo Horngren (2004, p. 149), os contadores devem usar dois critérios para determinar se uma informação é relevante: "ela deve ser uma receita ou custo futuro esperado e ter um elemento da diferença entre as alternativas. A informação relevante, portanto, seria o custo ou receita futura predita que diferenciará as alternativas".

Logicamente, para influenciar decisões que terão impacto futuro, a informação deve conter elementos que habilitem o gestor a visualizar esses impactos. Isso implica a necessidade de utilização de critérios de mensuração (atribuição de valores a eventos ou objetos) que se aproximem de um valor futuro. Na medida do possível, deve ser descartado o valor histórico como base de avaliação para informações gerenciais. É o velho confronto: contabilidade financeira *versus* contabilidade gerencial.

Síntese

Os relatórios gerenciais devem possuir uma estrutura que permita ao gestor decidir-se por alternativas que melhor contribuam para ganhos econômicos para as organizações. A qualidade da informação gerencial está relacionada a sua capacidade de reduzir objetivamente as incertezas no momento das decisões. Portanto, o *controller* deve conhecer muito claramente as diferenças entre a informação contábil tradicional e a informação gerencial, para produzir e disponibilizar os melhores relatórios gerenciais aos decisores.

Exercícios resolvidos

A empresa Modelo S/A produz seis tipos de produtos: A, B, C, D, E e F. Ela possui uma capacidade instalada de produção para 120 unidades. Com os dados a seguir, organize uma demonstração de resultado que avalie a rentabilidade mais verdadeira de cada produto.

Os custos dos produtos para o mês em estudo são os seguintes:

a) Materiais diretos consumidos:

Produtos	Materiais diretos (R$)	Materiais secundários (R$)	Embalagem (R$)
A	200,00	50,00	10,00
B	300,00	80,00	10,00
C	450,00	90,00	15,00
D	400,00	120,00	10,00
E	150,00	100,00	20,00
F	100,00	150,00	10,00

b) Mão de obra direta unitária aplicada:

Produtos	Salários (R$)	Encargos (R$)
A	100,00	80,00
B	100,00	80,00
C	100,00	80,00
D	100,00	80,00
E	100,00	80,00
F	100,00	80,00

c) Custos indiretos de fabricação no mês (R$):

Energia elétrica	800,00
Depreciações	1.500,00
Aluguel de barracão	2.500,00
MOI – Ger. produção	1.000,00
MOI – Almoxarifado	1.500,00
MOI – Controle de qualidade	2.000,00
Manutenção industrial	1.800,00
Água	500,00
Serviços de terceiros	2.000,00

d) Despesas operacionais do período (R$):

Salário e encargos adm./financ./comerc.	2.000,00
Material de expediente	500,00
Telefone	900,00

e) Preços de venda dos produtos:

Produtos	Preço de venda (R$)
A	650,00
B	550,00
C	700,00
D	750,00
E	600,00
F	700,00

Solução:

Primeiramente, vamos apurar o resultado fazendo uso da estrutura da demonstração de resultado por um padrão legal societário. O conteúdo e os critérios de alocação e mensuração dos eventos são determinados pelos princípios e normas de contabilidade. Portanto, seguramente, não é o melhor modelo de informação à disposição do gestor.

Demonstração de resultado – Societário	Período
	1º Trim./2009
	Valor (R$)
Receita de vendas	79.000,00
Custo dos produtos vendidos	(83.900,00)
Lucro bruto	(1.500,00)
Despesas operacionais	(3.400,00)
Resultado operacional (antes dos efeitos financeiros)	(4.900,00)
Receitas financeiras	0
Despesas financeiras	0
Resultado operacional (antes dos efeitos financeiros)	(4.900,00)
Resultado antes dos impostos	(4.900,00)
Provisão para impostos	0
Lucro/prejuízo do exercício	(4.900,00)

O modelo a seguir é mais analítico, menos agregado e, portanto, trará mais segurança na análise do resultado para efeitos de decisão. Não obstante outras informações que contenha, a análise poderá ser feita por área, produto ou divisão até a margem de contribuição, que é até onde podemos identificar claramente os valores com os objetos de receita e gastos.

Demonstração do resultado gerencial

Custeio direto e variável	Produto A	Produto B	Produto C	Produto D	Produto E	Produto F	Total
1º Trim./2009							
Receita de vendas (R$)	13.000,00	11.000,00	14.000,00	15.000,00	12.000,00	14.000,00	79.000,00
Preço unitário (R$)	650,00	550,00	700,00	750,00	600,00	700,00	
Quantidade	20	20	20	20	20	20	120
Custos variáveis							
Materiais diretos (R$)	200,00	300,00	450,00	400,00	150,00	100,00	1.600,00
Materiais secundários (R$)	50,00	80,00	90,00	120,00	100,00	150,00	590,00
Embalagem (R$)	10,00	10,00	15,00	10,00	20,00	10,00	75,00
Mão de obra direta (MOD) (R$)	100,00	100,00	100,00	100,00	100,00	100,00	600,00
Encargos sobre MOD (R$)	80,00	80,00	80,00	80,00	80,00	80,00	480,00
Custos variáveis unitários (R$)	440,00	570,00	735,00	710,00	450,00	440,00	
Total de custos variáveis (R$)	8.800,00	11.400,00	14.700,00	14.200,00	9.000,00	8.800,00	66.900,00
Margem de contribuição unitária (R$)	210,00	−20,00	−35,00	40,00	150,00	260,00	
Margem de contribuição total (R$)	4.200,00	−400,00	−700,00	800,00	3.000,00	5.200,00	12.100,00
Margem de contribuição %	32,31%	−3,64%	−5,00%	5,33%	25,00%	37,14%	
Custos fixos (R$)							
Energia elétrica							800,00
Depreciação							1.500,00
Aluguel							2.500,00
Mão de obra indireta							4.500,00
Outros							7.700,00
Total de custos fixos							17.000,00
Resultado operacional							−4.900,00

Perguntas & respostas

1. Qual a relação existente entre o modelo de informação e a informação gerencial?

Resposta:

O modelo de informação só será adequado se produzir e distribuir informações que habilitem o gestor a decisões corretas. Se a informação distribuída e utilizada não contém os atributos para se qualificar como gerencial, poderá conduzir quem decide a escolhas equivocadas, comprometendo a eficácia global da empresa.

2. Qual o propósito básico da informação gerencial?

Resposta:

Seu propósito fundamental é habilitar a organização a alcançar seus objetivos pelo uso eficiente dos recursos disponíveis (pessoas, materiais, equipamentos, tecnologias, dinheiro). Informação gerencial é aquela que atinge sua finalidade, ou seja, reduz incertezas na escolha da melhor alternativa, proporcionando a melhor decisão possível.

Questões para revisão

1. Relacione os atributos de uma informação gerencial com aquelas informações comumente encontradas nos relatórios utilizados pelos gestores.

2. Identifique duas diferenças quanto à forma e ao conteúdo entre a demonstração de resultado contábil e a demonstração de resultado gerencial.

Para saber mais

É recomendável uma leitura mais atenta dos seguintes livros, verdadeiros clássicos da contabilidade gerencial, para uma visão mais acentuada dos fundamentos que estudamos:

Li, D. H. **Contabilidade gerencial**. São Paulo: Atlas, 1977.

Anthony, R. N. **Contabilidade gerencial**. São Paulo: Atlas, 1974.

Auditorias: interna e externa 6

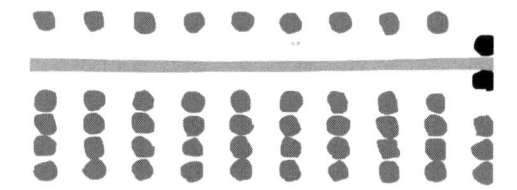

Conteúdos do capítulo:

- Conceito e evolução da auditoria;
- Auditoria interna e externa;
- Controles internos;
- Planejamento e programas de trabalho;
- Papéis de trabalho;
- Parecer de auditoria.

Após o estudo deste capítulo, você será capaz de:

1. compreender os conceitos e as diferenças entre as auditorias interna e externa;
2. conhecer e aplicar o conceito de controle interno;
3. entender o fluxo do trabalho do auditor;
4. compreender a importância e as técnicas relativas aos papéis de trabalho.

6.1 Conceito e evolução de auditoria

Auditoria é uma técnica contábil que, utilizando-se de procedimentos específicos, procura obter elementos de convicção que permitem verificar se os registros contábeis foram efetuados de acordo com os princípios fundamentais de contabilidade. Objetiva igualmente verificar se demonstrações contábeis refletem adequadamente a situação econômico-financeira do patrimônio, os resultados do período examinado e as demais situações nelas demonstradas, bem como se os controles implementados estão sendo observados de forma adequada.

O objetivo do exame de auditoria das demonstrações contábeis é expressar uma opinião sobre a adequação dessas demonstrações, assegurando que elas representam adequadamente a posição patrimonial e financeira, o resultado de suas operações e os fluxos de caixa correspondentes aos períodos em exame, de acordo com os princípios fundamentais de contabilidade, aplicados uniformemente nos exercícios contábeis em análise.

Dessa forma, o objetivo principal da auditoria pode ser descrito, em linhas gerais, como sendo o processo pelo qual o auditor se certifica da veracidade das demonstrações contábeis preparadas pela companhia auditada. Utiliza-se, para tanto, dos procedimentos que lhe traduzem provas que assegurem a efetividade dos valores constantes das demonstrações contábeis.

6.2 Concepção estratégica da auditoria

A auditoria como ferramenta de controle deve ser utilizada para assegurar que as estratégias definidas pela organização não ficarão comprometidas por falhas de controle ou por políticas inadequadas de gestão. Nesse sentido, todos os conceitos inerentes à auditoria deverão contemplar preocupações com a implementação e com o controle das estratégias empresariais. Falhas de controle interno poderão resultar em perdas de oportunidades, por exemplo. Quando a organização valoriza os trabalhos da auditoria, os pontos fracos (componente estratégico da análise do ambiente) poderão ser visualizados mais rapidamente, permitindo a implementação de medidas para eliminá-los.

6.3 Auditoria interna

Auditoria interna é aquela exercida por auditores que, em regra, integram o departamento de auditoria da própria empresa, regidos pela Consolidação da Leis do Trabalho – CLT. É um controle gerencial que funciona por meio da medição e avaliação da eficiência e da eficácia de outros controles. A auditoria interna pode e deve ser utilizada como um serviço de apoio à alta gestão da empresa, visto que acompanha a definição e o cumprimento de rotinas de processos e procedimentos, para assegurar a eficiência e eficácia nessas operações.

Para tanto, o modelo de gestão da empresa deve compreender e assimilar os conceitos e objetivos da auditoria interna, pois, assim, seus relatórios serão analisados e utilizados sempre como mais uma ferramenta de controle de qualidade nos processos. Isso é essencial para que a gestão possa cumprir adequadamente seu papel.

A rotina dos trabalhos envolve a análise, à base de testes, da adequação dos controles internos (sua pertinência e resultados oferecidos); o grau de confiabilidade que se pode atribuir aos controles internos e registros das operações; se os controles são necessários, pertinentes ou se apenas são descrições formais de atividades ou não são cumpridos adequadamente como meio de proteção aos ativos da empresa. Não é recomendável haver restrições, no âmbito da empresa, para atuação da auditoria interna, pois os auditores internos devem ter acesso a todas as áreas e informações para realização de seus trabalhos.

6.3.1 Enfoques da auditoria interna – atuações

A auditoria interna, conforme sua especificidade e o objeto sobre o qual seus procedimentos serão aplicados, assumirá diversos enfoques. Pode-se efetuar a auditoria interna sobre aspectos de controles tributários, financeiros, patrimoniais etc. No entanto, auditorias podem, também, ser efetuadas sobre a qualidade de produtos e processos, sobre recursos humanos e outros ativos e recursos sobre os quais as entidades entendam ser pertinente um acompanhamento da eficiência dos controles existentes.

- **Auditoria na área operacional**: tem a finalidade de apoiar a gestão da empresa no desempenho efetivo de suas funções e responsabilidades, testando e avaliando se a organização e suas partes componentes (departamentos, sistemas operacionais, operações e programas) estão atingindo os objetivos propostos, ou seja, evitando possíveis falhas e irregularidades.

- **Auditoria de gestão:** executa suas atividades participando de reuniões de diretoria, comitês internos etc. Trabalha em nível de planejamento estratégico, tático e no processo decisório, verificando a adequação e a aplicação das políticas, critérios e procedimentos previamente estabelecidos.
- **Auditoria de sistemas informatizados:** os sistemas informatizados fazem parte em larga escala da estrutura das entidades, de qualquer porte ou atividade. Bancos, indústrias, comércio e serviços têm suas estruturas fundamentadas em controles sobre os sistemas informatizados. Assim, o auditor interno não pode negligenciar o exame e avaliação desses sistemas. Pelo contrário: deverá envolver-se nos processos de planejamento, desenvolvimento, testes e aplicação de tais sistemas, notadamente com a segurança e a proteção dos dados. Cabe ao auditor informar a administração sobre a adequação, a eficácia, a eficiência e o desempenho dos sistemas e os respectivos procedimentos de segurança em processamento de dados.
- **Auditoria da qualidade:** com o aumento da competitividade em função da globalização da economia e das exigências de novos mercados, passamos a conviver diariamente com novos conceitos em produtos e serviços, aos quais chamamos *qualidade*. As normas ISO 9000 definem claramente as exigências que devem ser perseguidas a fim de obtermos a qualidade. O auditor interno mais uma vez é chamado a dar sua contribuição, assessorando a alta administração. Podemos dizer que a **auditoria da qualidade** é uma avaliação planejada, programada e documentada, executada por pessoas independentes da área auditada, visando verificar a eficácia de um sistema implantado, no atingimento dos objetivos e padrões preestabelecidos, servindo como mecanismo de retroalimentação e aperfeiçoamento do próprio sistema.

Para Attie (2007, p. 58), a empresa, visando resguardar e salvaguardar seus interesses, constitui, por política, a área de auditoria, que tem por finalidade fornecer aos administradores, em todos os níveis, informações que os auxiliem a controlar as operações e atividades pelas quais são responsáveis.

Conforme o referido autor, tendo em vista fortalecer a base da auditoria e permitir que sua atividade se desenvolva no mais alto grau de aceitação e profissionalismo, a auditoria atuará em nível de assessoria, reportando-se diretamente ao presidente do conselho de administração e, em sua falta, ao diretor-presidente. De acordo com Attie (2007):

- Vantagens da auditoria interna:
    I. Continuidade: está sempre funcionando, existe um acompanhamento contínuo;
    II. Maior identificação dos auditores com a empresa: possuem conhecimento da empresa com mais profundidade;
    III. Menor custo em relação aos auditores externos.
- Desvantagens da auditoria interna:
    I. A proximidade dos auditores com os demais membros da empresa pode comprometer a isenção dos trabalhos.
    II. Dependência econômica e subordinação hierárquica.
    III. Relativa credibilidade, pois os auditores trabalham sob ordem e subordinação.

6.3.2 Controles internos

Um bom sistema de controles internos é essencial para que a organização possa se assegurar da integridade e da confiabilidade das atividades desempenhadas. É um mecanismo que visa estabelecer **como e quando** os procedimentos deverão ser executados e, também, deve possibilitar a descoberta de possíveis desvios ocorridos, a tempo de serem corrigidos.

Para o Ibracon (1985), citado por Moraes (2003, p. 22):

> o controle interno compreende o plano de organização e o conjunto ordenado dos métodos e medidas adotados pela entidade para

proteger seu patrimônio, verificar a exatidão e o grau de confiança de seus dados contábeis, promover a eficiência operacional e estimular a obediência às diretrizes administrativas estabelecidas.

O controle de acesso a ativos (por exemplo, o acesso ao almoxarifado apenas aos funcionários do setor), a baixa imediata dos pagamentos efetuados a fornecedores e segurança dos sistemas informatizados (por exemplo, a integração entre o sistema contábil e o sistema de contas a receber) e a inexistência de lançamentos manuais na contabilidade ou em sistemas de controle (como contas a pagar) são exemplos de controles internos que devem existir em qualquer organização. Nesse sentido, é prudente que as funções colidentes sejam evitadas. Por exemplo, o caixa não pode autorizar despesas, fazer faturamento, registrar cheques etc. Várias outras funções que podem propiciar alcances e desvios sem o controle imediato de outra pessoa devem ter sua acumulação evitada, para dificultar a ocorrência de desvios.

O auditor externo deverá estudar os controles internos existentes, atentando para seus pontos mais vulneráveis, para, então, ampliar e aprofundar seus exames.

Ao selecionar as contas de receitas e despesas que devem ser analisadas mais profundamente, o auditor deve avaliar os seguintes pontos:

- A natureza das operações incluídas nas contas: as operações entre a empresa e seus administradores, diretores ou empregados-chave, as operações de natureza incomum, aquelas que têm importância significativa para a situação patrimonial e os resultados das operações estarão sujeitas a receber atenção especial.
- A extensão do controle interno sobre operações: algumas operações incomuns podem ser submetidas a um menor controle interno do que outras operações mais comuns e numerosas.

- A importância relativa das operações: a relevância é sempre um assunto importante em auditoria. Quanto mais relevantes forem as operações registradas em determinada conta, mais atenção está sujeita a receber.

- A extensão em que outros testes forneceram, indiferentemente, comprovação para o saldo da conta: se grande número de comprovantes foi examinado no momento da auditoria nas contas patrimoniais, relativamente menor número de despesas afins a essas contas necessitaram atenção.

Para Franco e Marra (2005), entende-se por *controles internos* todos os instrumentos da organização destinados à vigilância, fiscalização e verificação administrativa, que permitam prever, observar, dirigir ou governar os acontecimentos que se verificam dentro da empresa e que produzam reflexos em seu patrimônio.

Pela Resolução n. 820, de 15 de dezembro de 1997, do Conselho Federal de Contabilidade: "O sistema [...] de controles internos compreende o plano de organização e o conjunto integrado de método e procedimento adotados pela entidade na proteção de seu patrimônio, promoção da confiabilidade e tempestividade dos seus registros e demonstrações contábeis e de sua eficácia operacional" (CFC, 1997).

Em suma, o controle interno em uma empresa representa o conjunto de procedimentos, métodos ou rotinas que têm a finalidade de proteger os ativos, possibilitar a obtenção de dados contábeis confiáveis e dar suporte à administração na condução ordenada dos negócios da empresa.

Almeida (1996, p. 97) afirma que "um bom sistema de controle interno funciona como uma 'peneira' na detecção de erros ou irregularidades. Portanto, o auditor pode reduzir o volume de testes de auditoria na hipótese da empresa ter um sistema de controle interno forte, caso contrário, o auditor deve aumentá-lo".

O volume e a amplitude dos testes serão inversamente proporcionais à qualidade e efetividade dos controles internos.

O exame dos controles internos é uma das fases mais importantes no trabalho do auditor. As causas da existência de fraudes e que dão margem à desconfiança quanto à validade dos dados contábeis podem ser relacionadas com ausências de qualquer controle, normas de controle falhas e ineficientes e normas de controle boas e eficientes, porém mal executadas na prática.

O auditor externo executa os seguintes passos na avaliação do controle interno:

- estuda o sistema de controle interno;
- verifica se o sistema existente é apropriado;
- avalia a possibilidade de o sistema revelar objetivamente erros e irregularidades;
- determina o tipo, a data e o volume dos procedimentos de auditoria.

São exemplos de controles internos contábeis:

- sistemas de conferência, aprovação e autorização;
- segregações de funções (pessoas que têm acesso aos registros contábeis não podem custodiar ativos da empresa);
- controles físicos sobre ativos;

São exemplos de controles internos administrativos:

- análises estatísticas de lucratividade por linha de produto;
- controle de qualidade;
- treinamento de pessoal;
- estudo de tempos e movimentos;
- análise das variações entre os valores orçados e reais;
- controle dos compromissos assumidos mas ainda não realizados economicamente.

Um adequado conjunto de controles internos sempre será útil para se evitar o mau uso de recursos, sejam eles de qualquer natureza. Portanto, os controles internos cumprirão seus objetivos quando minimizarem ou evitarem a ocorrência de desvios de procedimentos, fruto de fraudes ou erros.

- **Fraude**: prática dolosa que alguém provoca em seu benefício contra a empresa. Ex.: indivíduo se aproveita do serviço para praticar a fraude e prejudicar a empresa. Não existe fraude culposa, ela é sempre dolosa (com propósitos).
- **Desvio de valores**: é mudar a destinação da verba pública ou privada. Tanto pode ser dinheiro, como qualquer coisa material. Ex.: caixa, na tesouraria.
- **Erro**: Ato não intencional. É decorrente de negligência de funcionários, gera prejuízos para empresa; portanto não deve ser tolerado.

6.4 Auditoria externa

A auditoria externa ou independente é aquela em que os auditores não mantêm vínculo com a empresa auditada, ou seja, são independentes; mantêm apenas uma relação contratual de prestação de serviços.

Alguns aspectos que representam vantagens no uso dos serviços de uma auditoria externa podem ser destacados, como a independência dos profissionais auditores em relação à empresa objeto da auditoria. Esse aspecto torna o trabalho mais confiável e o parecer, ou relatório, tem mais credibilidade. A ausência de vínculos pessoais entre os auditores e o pessoal da entidade auditada também é fator que deve ser ressaltado na auditoria externa. A experiência de boas práticas de controle e governança em várias empresas podem ser utilizadas para o aprimoramento dos controles e processos na empresa auditada.

Com relação ao objeto, pode-se destacar graficamente:

Figura 6.1 – Objetos das auditorias externa e interna

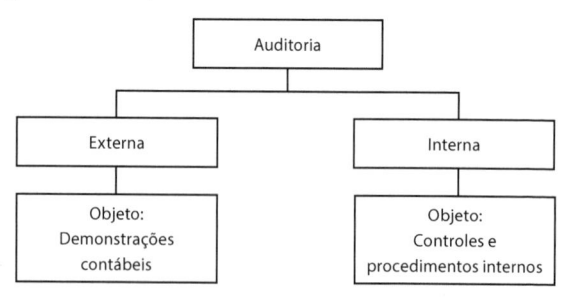

```
                    Auditoria
                   /         \
              Externa        Interna
                 |              |
             Objeto:         Objeto:
          Demonstrações    Controles e
            contábeis    procedimentos internos
```

A Figura 6.1 demonstra o objeto de aplicação das técnicas e procedimentos utilizados pelas auditorias interna e externa. A interna tem uma preocupação com a eficácia dos controles internos, ao passo que os trabalhos da auditoria externa têm por objetivo certificar-se da adequação e da veracidade das informações financeiras, constantes nas demonstrações financeiras.

6.4.1 Aplicação

Embora tenham objetos e funções diferentes, tanto o auditor interno quanto o externo se utilizam dos trabalhos um do outro. A auditoria externa verifica a qualidade dos controles internos, e a auditoria interna utiliza-se seguidamente das demonstrações contábeis.

As técnicas de auditoria se aplicam a todas as entidades (públicas, privadas, com ou sem fins lucrativos). A auditoria interna, na revisão e acompanhamento de processos e verificação da existência e qualidade dos controles internos, contribui sobremaneira com a eficácia da gestão empresarial. A auditoria externa também tem fundamental importância na verificação da qualidade e da fidedignidade dos relatórios contábeis, dando credibilidade às demonstrações que serão divulgadas ao mercado.

Quadro 6.1 – Comparação entre as auditorias interna e externa

Itens	Auditoria externa	Auditoria interna
Quanto ao objetivo dos trabalhos	Opinar sobre as demonstrações financeiras.	Assessorar a administração da empresa no efetivo desempenho de sua função.
Perfil do profissional de auditoria	Independente, com responsabilidade civil e contratação por período predeterminado.	Há relação de dependência com responsabilidades trabalhistas entre as partes.
Obrigatoriedade	Obrigatória em determinadas empresas.	Facultativa.
Interessados	Empresas, órgãos governamentais, credores e investidores em geral.	Empresas.
Produto final	Parecer sobre demonstrações financeiras.	Relatório de recomendações ou sugestões à administração.

Fonte: Almeida, 2012, p. 30.

Veja pelo Quadro 6.1 que as diferenças residem, basicamente, no objeto que cada tipo de auditoria utiliza para exercer seus trabalhos, no produto final (conclusão dos trabalhos) e no perfil dos profissionais que atuam em cada uma das áreas de auditoria, embora já existam, atualmente, muitos casos de empresas que terceirizam a auditoria interna. Nesses casos, o profissional auditor interno não possui vínculo empregatício com a auditada, a exemplo do auditor externo.

6.5 Parecer da auditoria externa

O parecer representa o produto final do trabalho do auditor (Almeida, 1996), compreendendo três parágrafos:
1. parágrafo referente à identificação das demonstrações contábeis e à definição das responsabilidades da administração e dos auditores;
2. parágrafo referente à extensão dos trabalhos;

3. parágrafo referente à opinião sobre as demonstrações contábeis.

A seguir, serão apresentadas as espécies de pareceres:

- **Parecer sem ressalva:** emite-se essa espécie de parecer quando as demonstrações contábeis estão corretas e são emitidas conforme os princípios fundamentais de contabilidade, aplicados com uniformidade.

- **Parecer com ressalva:** a ressalva que caracteriza esse tipo de parecer consubstancia-se na discordância a respeito de um critério contábil utilizado pela entidade auditada ou quando o auditor não consegue total acesso a alguma informação que considera importante para seu parecer. Deve vir antes do parágrafo de opinião. É imprescindível que fique claro, no parecer, a natureza da ressalva e seu efeito sobre a situação patrimonial e financeira, de resultado etc. Normalmente, utilizam-se as expressões *exceto quanto a*, *com exceção de* e outras na elaboração desse tipo de parecer.

- **Parecer adverso:** opinião contrária do auditor, no sentido de que as demonstrações contábeis não apresentam adequadamente a posição contábil da entidade auditada. Será emitido quando o auditor se certificar de muitas incorreções e inadequações nos registros contábeis e avaliações de ativos e passivos. Ressalta-se, porém, que o auditor deve documentar seu trabalho de forma que possa fundamentar adequadamente o seu parecer. Nessa espécie de parecer, não basta apenas uma ressalva, dado o volume de incorreções encontradas. É emitido quando o auditor tem informações suficientes para concluir que as demonstrações contábeis não representam a posição patrimonial e financeira, o resultado das operações, as mutações do patrimônio líquido e as origens e aplicações de recursos da empresa, de acordo com os princípios fundamentais de contabilidade.

- **Parecer com abstenção de opinião:** será emitido quando o auditor não tem condições de realizar seu trabalho, seja porque não teve acesso físico a documentos e ativos, seja porque os relatórios contábeis ou de controles operacionais não foram disponibilizados, ou o foram totalmente fora dos padrões legal e técnico exigidos. Sem condições de mensurar se as demonstrações contábeis refletem ou não a posição patrimonial e financeiros da entidade auditada, não lhe restará outra alternativa senão abster-se de emitir sua opinião.

A Figura 6.2 representa um resumo das espécies de pareceres.

Figura 6.2 – Tipos de pareceres e fundamentação respectiva

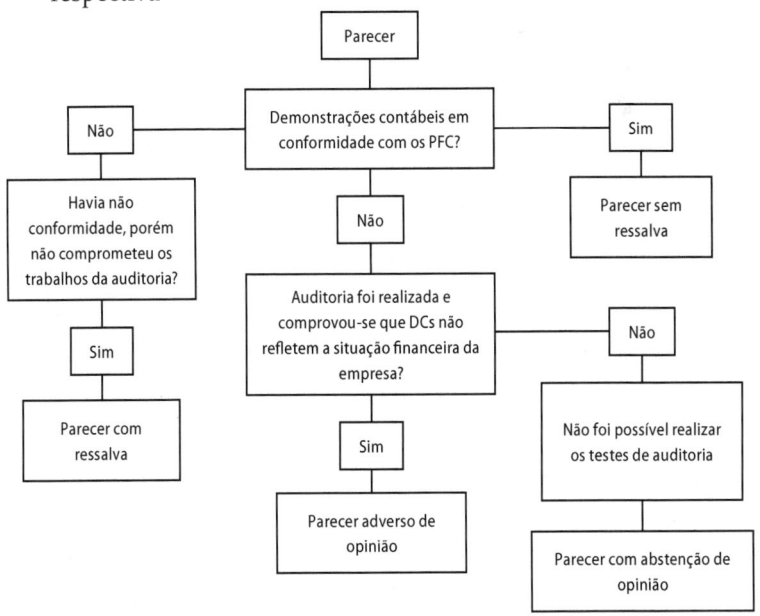

```
                          ┌─────────┐
                          │ Parecer │
                          └────┬────┘
                               │
              ┌────────────────┴────────────────┐
              │  Demonstrações contábeis em     │
       ┌──Não─┤  conformidade com os PFC?       ├──Sim──┐
       │      └─────────────────┬───────────────┘       │
       ▼                        │                        ▼
┌──────────────┐                │              ┌──────────────┐
│ Havia não    │                ▼              │ Parecer sem  │
│ conformidade,│         ┌──────────┐          │ ressalva     │
│ porém não    │         │   Não    │          └──────────────┘
│ comprometeu  │         └────┬─────┘
│ os trabalhos │              │
│ da auditoria?│              ▼
└──────┬───────┘   ┌─────────────────────┐
       │           │ Auditoria foi       │
       ▼           │ realizada e         │
    ┌─────┐        │ comprovou-se que    ├──Não──┐
    │ Sim │        │ DCs não refletem a  │       ▼
    └──┬──┘        │ situação financeira │  ┌─────────────────┐
       │           │ da empresa?         │  │ Não foi possível│
       ▼           └──────────┬──────────┘  │ realizar os     │
┌──────────────┐              │             │ testes de       │
│ Parecer com  │              ▼             │ auditoria       │
│ ressalva     │          ┌───────┐         └────────┬────────┘
└──────────────┘          │  Sim  │                  │
                          └───┬───┘                  ▼
                              ▼             ┌─────────────────┐
                   ┌──────────────────┐     │ Parecer com     │
                   │ Parecer adverso  │     │ abstenção de    │
                   │ de opinião       │     │ opinião         │
                   └──────────────────┘     └─────────────────┘
```

6.6 Planejamento

Ao se iniciar qualquer trabalho de auditoria, este deve ser cuidadosamente planejado, tendo em vista seu objetivo. Assim se pronuncia o Conselho Federal de Contabilidade, por meio da Resolução n. 820/1997 do "Planejamento da Auditoria – O auditor deve planejar seu trabalho consoante às Normas Profissionais de Auditor Independente e estas normas, e de acordo com os prazos e demais compromissos contratualmente assumidos com a entidade" (CFC, 1997).

Planejar um programa eficiente de auditoria, em uma situação particularmente difícil, requer grande experiência, conhecimento e critério. O planejamento adequado pressupõe a formulação do programa de auditoria. Este visa identificar previamente os trabalhos, definindo-se tanto a quantidade de testes quanto a sua natureza. O programa de trabalho é essencial para que não haja comprometimento da qualidade por conta de improvisações ou falhas nos procedimentos de auditoria.

6.7 Programa de auditoria

O programa de auditoria consiste no plano de trabalho para exame de uma área específica. Ele prevê os procedimentos que deverão ser aplicados para que se possa alcançar o resultado desejado.

Ao planejar um programa de auditoria, algumas considerações básicas devem ser lembradas, em decorrência de sua importância. Entre elas, estão:
- a responsabilidade do auditor na apuração de qualquer erro ou irregularidade que afeta os dados sob exame;
- as formas pelas quais o programa de auditoria pode ser modificado, em virtude das variações na eficiência do controle interno.

O programa de auditoria é o plano de trabalho a ser executado em campo e deve ser elaborado considerando-se o objetivo da auditoria e as características da empresa a ser auditada.
- **Responsabilidade pela apuração de irregularidades:** o auditor não é obrigado a descobrir e a revelar qualquer erro

ou irregularidade, de qualquer espécie ou importância, nos dados examinados. Seu trabalho é de certificação dos relatórios contábeis, sendo que de forma secundária, na execução dos testes, poderá descobrir erros ou falhas.

Cabe destacar que, como a auditoria é feita à base de testes definidos por amostragem, não se pode assegurar a absoluta certeza de inexistência de falhas (fraudes e erros), pois para isso teria de ser realizado um trabalho que contemplasse a análise de 100% das operações, o que inviabilizaria completamente os trabalhos.

- **Modificações do programa de auditoria**: a maioria dos auditores concorda que não existe um programa padrão de auditoria, um conjunto uniforme de procedimentos igualmente aplicáveis a todas as empresas, em todas as condições. Ao mesmo tempo, em todos os casos, há uma quantidade mínima de trabalho que deve ser executada se o auditor desejar ter uma base satisfatória para formar sua opinião.

Há três possibilidades gerais de modificações do programa mínimo. A **primeira** é na seleção de procedimentos a serem aplicados, incluindo o desenvolvimento ou a criação de novos procedimentos de verificação, se exigidos em uma situação específica.

A **segunda** possibilidade de modificar um programa mínimo, para adaptá-lo às deficiências no controle interno, reside no tempo de aplicação dos procedimentos selecionados. Em geral, isso exige sua aplicação em época próxima ou na própria data do balanço.

O aumento na amplitude dos testes é a **terceira** possibilidade de alteração do programa de auditoria. Ao selecionar o grau de confiança e o limite de precisão que ele exige de sua amostra, o auditor toma decisões de máxima importância. A amostragem estatística força-o a tomar essas decisões importantes conscientemente e, desde que o auditor selecione adequadamente as amostras necessárias, assegura-lhe que elas forneçam a confiança e precisão desejadas.

6.8 Elaboração do programa de auditoria

A elaboração do programa de auditoria compreende a seleção de procedimentos que se aplicam a certas situações que se apresentam e à fixação da época em que eles serão executados, bem como da amplitude de sua aplicação.

Na escolha dos procedimentos específicos de auditoria, deve-se atentar para:

- Permanecer dentro do objetivo e das limitações do trabalho contratado.
- Obter as melhores provas razoavelmente possíveis.
- Aplicar somente os testes e procedimentos que sejam úteis para alcançar os objetivos do exame naquela situação específica.
- Considerar todas as possibilidades de erro.
- Coordenar os procedimentos a serem aplicados aos itens em questão.

Ao se auditarem as **contas do ativo**, deve-se ter em mente os objetivos a serem atingidos, que, em regra, tratam da verificação da existência, integridade e registro contábil dos elementos que compõem esse grupo. A **existência** significa que os testes devem conduzir à razoável certeza de que os ativos contabilizados realmente existem fisicamente; a **integridade** significa que não basta atestar a mera existência física, mas a verificação das condições em que se encontram esses bens. Aqueles totalmente fora de uso devem ser baixados física e contabilmente do ativo. A integridade, portanto, diz respeito aos benefícios que devem ser usufruídos pela entidade e que são inerentes aos ativos. O **registro contábil** implica a verificação não só da inserção do elemento nas demonstrações contábeis, mas também a verificação dos critérios utilizados para se mensurar monetariamente esses itens e da aplicação adequada dos princípios de contabilidade. Por exemplo: não basta a verificação da existência de um crédito a receber de clientes; devem ser efetuados testes de validação do seu valor (constituindo-se, se for o caso, uma provisão para perdas) e a circularização com esse cliente, que é uma forma de confirmação externa e isenta de interesses.

Ou seja, todos os testes devem conduzir ao conhecimento de que os ativos contabilizados estão registrados por seus valores corretos, se são efetivamente de propriedade da empresa e se representam benefícios econômicos presentes ou futuros para a organização.

Os programas de auditoria para as **contas do passivo** devem atender aos seguintes objetivos:
- avaliar se os controles internos estão organizados para a correta contabilização de todas as obrigações passivas da empresa;
- assegurar-se de que todas as obrigações estão contabilizadas;
- assegurar-se de que todas as obrigações são realmente devidas;
- determinar se estão corretamente classificadas nas demonstrações contábeis.

Os aspectos mais importantes a verificar, na área de **contas de patrimônio líquido**, são os de observância dos formalismos legais e estatutários:
- determinar se as ações ou o título de propriedade do capital foram adequadamente autorizados e emitidos;
- determinar se todas as normas descritas nos estatutos sociais, as obrigações sociais e legais foram cumpridas;
- assegurar-se da organização e da atualização dos livros societários, das atas de assembleias gerais e de reuniões da diretoria ou do conselho de administração;

- determinar se o patrimônio líquido foi corretamente contabilizado e classificado nas demonstrações contábeis.

O exame da área de **contas de resultado** demanda dedicação e paciência por parte do auditor. Normalmente, o volume de lançamentos é muito grande, assim como o de comprovantes, e a possibilidade de erros, intencionais ou não, é infinita. Logo, ao iniciar o exame, será desejável que o auditor não esteja demasiadamente premido pela necessidade de concluir outras tarefas.

Depois de levantado o balanço, antes do fechamento dos trabalhos de auditoria, faz-se exame complementar dos meses não abrangidos, para testar a normalidade dos lançamentos.

A auditoria nas **contas de resultado** tem como objetivos:
- determinar se todas as receitas, custos e despesas atribuídos ao período estão devidamente comprovados e contabilizados;
- determinar se todas as receitas, custos e despesas não atribuídos ao período ou que beneficiam exercícios futuros estão corretamente diferidos;
- determinar se as receitas, custos e despesas estão contabilizados de acordo com os princípios fundamentais de contabilidade, em bases uniformes;
- determinar se as receitas, custos e despesas estão corretamente classificados nas demonstrações contábeis, e se as divulgações cabíveis foram expostas por notas explicativas.

6.9 Procedimentos de auditoria

Procedimentos ou técnicas de auditoria são as investigações técnicas que, feitas em conjunto, permitem a formação fundamentada da opinião do auditor sobre as demonstrações contábeis ou sobre o trabalho realizado.

Os procedimentos de auditoria são as ferramentas técnicas das quais o auditor se utiliza para a realização de seu trabalho, consistindo na reunião das informações possíveis e necessárias à avaliação das informações obtidas para a formação de sua opinião imparcial. A técnica por si só não é uma prova; ela fornece prova exigida pelo auditor, dando-lhe informações suficientes sobre o assunto, a fim de que ele possa emitir seu parecer profissional.

Os procedimentos ou técnicas básicas de auditoria normalmente utilizadas são os seguintes:

- exame físico;
- confirmação;
- exame dos documentos originais;
- conferência de cálculos;
- exame de escrituração;
- investigação minuciosa;
- inquérito;
- exames dos registros auxiliares;
- correlação das informações obtidas;
- observação.

6.9.1 Exame físico

O exame físico é a verificação *in loco*, que deve fornecer ao auditor a formação de opinião quanto à existência física do objeto ou item examinado. O exame físico exige, antes de tudo, a identificação da coisa que está sendo examinada. Esse exame realizado pelo auditor deve conter as seguintes características básicas:

- **quantidade**: a apuração das quantidades reais existentes fisicamente;
- **existência física**: comprovação por meio da constatação visual de que o objeto ou item examinado existe realmente;

- **identificação:** comprovação por meio do exame visual do item específico a ser examinado;
- **autenticidade:** poder de discernimento de que o item ou objeto examinado é fidedigno;
- **qualidade:** exame visual para comprovar que o objeto examinado permanece em uso, não está deteriorado e merece fé.

O exame físico não existe por si só. Ele é um procedimento complementar para o auditor certificar-se de que há correspondência contábil. Assim, a existência física serve para determinar que os registros contábeis estão corretos e se seus valores são adequados, em função da qualidade do item examinado.

6.9.2 Confirmação

A confirmação implica na obtenção de declaração formal e isenta de pessoas independentes da companhia.

Para que o procedimento de confirmação seja efetivo, é necessário que:

a. o pessoal de nível da companhia seja informado sobre o assunto a ser confirmado;

b. o despacho e as respostas dos pedidos de confirmação sejam obtidos diretamente pelo auditor.

O primeiro caso é em decorrência do fato de o auditor não ter poderes para assinar ou solicitar um pedido de confirmação pela companhia, o que prejudica a obtenção das respostas.

Existem dois tipos de pedidos de confirmação que podem ser utilizados pela auditoria: positivo e negativo.

O **pedido de confirmação positivo** é utilizado quando se faz necessária a resposta da pessoa de quem se quer obter uma confirmação formal.

O **pedido de confirmação negativo** é utilizado somente quando a resposta for necessária em caso de discordância da pessoa de quem se quer obter a confirmação, ou seja, na falta de confirmação, o auditor entende que a pessoa concorda com os valores colocados no pedido de confirmação.

6.9.3 Exame dos documentos originais

É o procedimento de auditoria voltado para a comprovação das transações que por questões legais, comerciais ou de controle são evidenciadas por documentos comprobatórios da efetividade dessas transações.

Quando o auditor realizar o exame dos documentos originais, deve ter sempre em mente:

- **autenticidade**: poder de discernimento para verificar se a documentação é fidedigna e merece fé;
- **normalidade**: determinação de que a transação realizada é adequada em função da atividade da empresa;
- **aprovação**: verificação de que a transação e a documentação de suporte foram efetivamente aprovadas por pessoas adequadas e responsáveis.
- **registro**: comprovação de que o registro das operações é adequado em função da documentação examinada e está refletida contabilmente em contas apropriadas.

Os aspectos listados anteriormente não são exaustivos, ou seja, o auditor poderá aplicar outros que também sejam úteis, embora seja recomendado que estes que foram destacados sejam obrigatoriamente utilizados, para se garantir a confiabilidade do exame.

6.9.4 Conferência dos cálculos

A conferência dos cálculos é o procedimento de auditoria voltado para a constatação da adequação das operações aritméticas. Embora este seja o procedimento de auditoria mais simples e completo por si mesmo, é a única forma de constatação das várias operações que envolvem somas e cálculos.

Apesar de os valores dispostos poderem ser conferidos pela empresa, é de grande importância que todos os itens dispostos sejam conferidos pelo auditor.

6.9.5 Exame da escrituração

É a técnica de auditoria utilizada para a constatação da veracidade das informações contábeis. Este é o procedimento de auditoria usado para o levantamento de análises, composições de saldos, conciliações etc.

Esse exame tem como exemplos os seguintes itens: análise de outras contas a receber; composição do saldo de importações em trânsito; análise de despesas de viagens; conciliação bancária etc.

6.9.6 Investigação minuciosa

É o exame em profundidade da matéria auditada, que pode ser um documento, uma análise, uma informação obtida ou outros.

6.9.6.1 Exame dos registros auxiliares

Os registros auxiliares constituem, em verdade, o suporte de autenticidade dos registros principais examinados. Assim, o uso dessa técnica deve sempre ser conjugado ao uso de outras que possam comprovar a fidedignidade do registro principal.

Ao examinar os registros auxiliares, o auditor deve estar atento à autenticidade e às possibilidades de adulteração desses registros.

6.9.6.2 Correlação das informações obtidas

A correlação das informações obtidas é o relacionamento harmônico do sistema contábil das partidas dobradas.

Durante os trabalhos realizados pelo auditor, ele certamente executará serviços que terão relações com outras áreas do balanço ou do resultado do exercício. À medida que for sendo observado o relacionamento entre as áreas, o auditor estará efetuando a correlação das informações obtidas.

As normas usuais de auditoria relativas à execução do trabalho indicam os aspectos essenciais acerca da oportunidade de aplicação dos procedimentos de auditoria e a forma metódica de sua execução.

A oportunidade com que são aplicados os procedimentos de auditoria implica a fixação apropriada da época e a sincronização que coordena sua aplicação, incluindo, possivelmente, a necessidade de exames simultâneos, como do dinheiro existente em caixa e em bancos, dos títulos e valores de propriedade da empresa, dos empréstimos bancários e outros itens relacionados.

O elemento surpresa pode também requerer o estabelecimento de controle de auditoria sobre ativos prontamente negociáveis e a fixação de um "corte" (*cut-off*) apropriado em data diferente da do encerramento das demonstrações contábeis.

Essas questões devem ser resolvidas à luz da eficiência do controle interno em cada uma das situações específicas. Veja na Figura 6.3 um resumo:

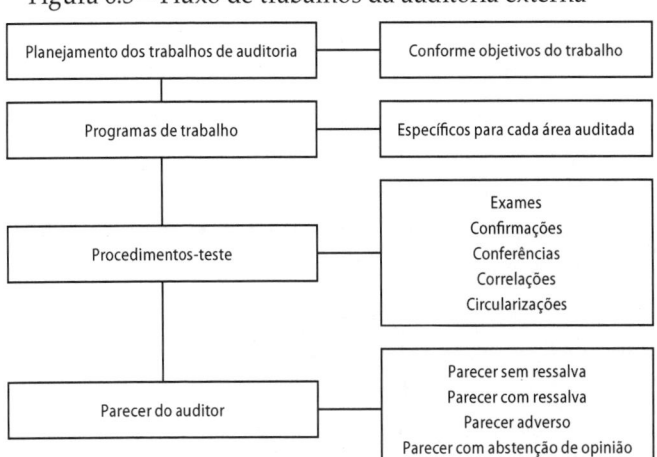

Figura 6.3 – Fluxo de trabalhos da auditoria externa

Planejamento dos trabalhos de auditoria	Conforme objetivos do trabalho
Programas de trabalho	Específicos para cada área auditada
Procedimentos-teste	Exames Confirmações Conferências Correlações Circularizações
Parecer do auditor	Parecer sem ressalva Parecer com ressalva Parecer adverso Parecer com abstenção de opinião

O roteiro dos trabalhos de auditoria deve ser observado com rigor por parte dos profissionais, seja o auditor interno, seja o externo, pois é garantia de efetividade e confiabilidade na execução dos procedimentos necessários à fundamentação do relatório ou do parecer.

6.9.7 Papéis de trabalho

Os papéis de trabalho são o conjunto de formulários e documentos que contém as informações e os apontamentos obtidos durante o exame, bem como as provas e descrições dessas realizações. A finalidade principal é a de servir como base e sustentáculo à opinião do auditor. Eles constituem a prova do trabalho que o auditor efetuou, a forma como foi realizado esse trabalho, e registram e documentam as conclusões do auditor.

Uma vez que o auditor se utiliza dos documentos originais, que são de propriedade da companhia auditada, e por causa do grande volume de transações e de documentos realizados pela companhia, a comprovação da realização do trabalho pelo uso de cópias da documentação seria volumosa, além de onerosa.

Para evitar o grande volume de documentos e dar outra forma ao trabalho, o auditor utiliza os papéis de trabalho para registrar as descobertas por ele realizadas e para comprovar o trabalho cumprido.

Embora tenham sido preparados com base nos documentos originais que são de propriedade da empresa, ou de informações obtidas diretamente da companhia auditada, os papéis de trabalho são de propriedade exclusiva do auditor, em decorrência de, principalmente, neles estar fundamentada a sua opinião.

Há de se levar em consideração que os papéis de trabalho são de natureza confidencial, pois relevam confirmações ou informações obtidas na companhia que não podem em hipótese alguma ser utilizadas em benefício próprio ou de outrem.

Cada papel de trabalho deve ser elaborado tendo em vista o exame da conta que está verificando, ou da área em que ele está sendo processado. Não há padrões fixos e uniformes para os papéis de trabalho, mas eles devem ser idealizados de forma ágil e flexível, para serem adaptados de acordo com as circunstâncias.

A Resolução n. 820/1997 do CFC traz a seguinte definição: "Os papéis de trabalho são o conjunto de documentos e apontamentos com informações e provas coligidas pelo auditor, preparados de forma manual, por meios eletrônicos ou por outros meios, que constituem a evidência do trabalho executado e o fundamento de sua opinião" (CFC, 1997).

Os papéis de trabalho constituem um conjunto de provas. Eles espelham fielmente o que está escriturado nos livros do cliente e demonstram a correção dessa escrituração e o grau de confiabilidade que ela merece, assim como o limite até o qual podem ser aceitos os controles internos desse cliente.

Os principais objetivos dos papéis de trabalho são:
- atender às normas de auditoria;
- acumular as provas necessárias para suportar o parecer do auditor;
- auxiliar o auditor durante a execução do seu trabalho;
- facilitar a revisão por parte do auditor responsável, para que ele se assegure de que o serviço foi efetuado de maneira correta;
- servir como base para a avaliação dos auditores;
- auxiliar no trabalho da próxima auditoria (um conjunto de papéis de trabalho bem preparados serve de guia na auditoria do próximo exercício social, concorrendo para que ela seja conduzida de forma mais eficiente);
- representar na justiça (no caso de ser movida uma ação contra o auditor ou a firma de auditoria) as evidências do trabalho executado.

Como os papéis de trabalho representam a prova do trabalho do auditor e considerando todos os objetivos que devem cumprir, é necessário muito cuidado, zelo e rigor na confecção, arquivamento e manuseio deles para que efetivamente possam cumprir seu papel.

6.10 Simbologia[1]

Os **tiques** ou **símbolos** são postos ao lado do número auditado e explicados na parte inferior do papel de trabalho, evidenciando, dessa forma, o serviço executado. Citamos, a seguir, alguns exemplos de símbolos ou tiques:

L = somas conferidas
ω = conferência do razão
Y = inspecionamos a contabilização
Λ = inspecionamos a contabilização e conferimos com o extrato bancário
J = verificamos tabelas
Π = verificamos ordem da fabricação
∫ = verificamos mapa de custo
C = conferimos nota fiscal
∠ = conferimos com livros fiscais

O auditor deve evitar a utilização excessiva de símbolos em uma mesma folha (o ideal é até oito símbolos), pois o uso demasiado dos tiques dificulta consultas e revisões dos papéis de trabalho. Caso necessário, o auditor poderá usar letras ou números dentro de círculos, em vez de símbolos.

O auditor também pode utilizar o sistema de notas para dar explicações necessárias nos papéis de trabalho. A forma de apresentação e o conteúdo desses papéis devem servir para permitir que uma pessoa que não participou do serviço de auditoria possa compreendê-lo de imediato.

6.11 Diagnóstico estratégico em auditoria

O planejamento serve para o estabelecimento de um futuro desejado pela administração da empresa; a estratégia, por sua vez, constitui-se no caminho para a consecução dos planos.

---

[1] Fonte da seção "Simbologia": Neves, 2009, p. 4c.

Mas como a auditoria poderá participar ativamente do planejamento?

Inicialmente, pode-se afirmar que a contribuição da auditoria nesse aspecto pode se dar no que se denomina *diagnóstico estratégico* ou *auditoria de posição*, efetuando-se um levantamento da situação da organização, com relação aos seguintes pontos: a) o modelo de gestão; b) a estrutura organizacional; c) os resultados operacionais (incluindo o resultado financeiro) e outros aspectos que se façam necessários para um diagnóstico adequado.

Após esse trabalho, serão elencados seus pontos fortes e fracos, atributos utilizados para se definir os planos. Ao se identificar os pontos fortes, deverão envidar esforços no sentido de explorá-los efetivamente. Já ao se detectarem os pontos fracos, todos os esforços deverão ser direcionados no sentido de sua minimização ou até mesmo sua completa eliminação. Quando a auditoria é parte integrante da gestão da organização, esse trabalho é feito rotineiramente; basta que a administração tenha acesso a essas informações e execute ações visando aprimorar os pontos levantados no diagnóstico.

6.11.1 Auditoria de resultados e acompanhamento do desempenho empresarial

A auditoria de resultados pressupõe um acompanhamento sistemático dos fatores geradores do resultado empresarial, fundamentando-se na verificação rotineira das ações que conduzem à geração de receitas e ao consumo de recursos.

Nos procedimentos de auditoria do resultado, deve haver uma preocupação quanto à contabilização correta das receitas e das despesas geradas ou incorridas no período (de acordo com os princípios fundamentais de contabilidade), com a devida comparação aos exercícios anteriores e considerando se foram dados os devidos destaques para essas contas e valores nas demonstrações contábeis e nas notas explicativas.

Percebe-se, então, que a auditoria pode e deve contribuir para a identificação de situações que ocorrem e que podem comprometer o desempenho e o resultado empresarial, como o uso inadequado de ativos (gerando perdas) ou, até mesmo, erros e fraudes envolvendo contas do resultado.

Síntese

As técnicas de auditoria relativas à auditoria interna ou externa são recomendáveis sempre que a entidade veja a necessidade de um controle efetivo maior sobre os recursos utilizados na consecução de suas atividades.

Os custos que essas atividades podem representar sempre são superados pelo benefício, que é representado pelo melhor e mais adequado uso desses recursos. Os trabalhos de auditoria devem ser adequadamente planejados e seus procedimentos devem ser selecionados e aplicados conforme os objetivos dos trabalhos e o tipo de auditoria a ser executado.

A auditoria interna tem por escopo a verificação rotineira da observância dos controles internos, essenciais para uma gestão empresarial eficiente e eficaz. No relatório da auditoria interna, devem ser contemplados todos os aspectos de não conformidade observados. A auditoria externa, que tem por objetivo a verificação da adequada representação da situação patrimonial e financeira da empresa em suas demonstrações contábeis, é obrigatória por lei a determinadas empresas (sociedades anônimas e sociedades de grande porte), contribuindo com a gestão da entidade por meio da emissão de um parecer, no qual deve constar o resultado de todo trabalho realizado.

Vale lembrar que a auditoria realiza os procedimentos e testes sempre por meio de amostragens estatísticas, razão da impossibilidade de se testar todas as operações ocorridas no período.

Exercícios resolvidos

1. Entre as afirmativas abaixo, assinale aquela que não corresponde a um objetivo dos trabalhos do auditor interno:
   a) Verificar a eficácia das informações físicas e financeiras.
   b) Examinar a pertinência e observância dos controles internos.
   c) Analisar a integridade das informações operacionais, financeiras e físicas.
   d) Examinar a qualidade e clareza do parecer dos auditores externos.

   Resposta:

   Alternativa "d". Não é parte do trabalho do auditor interno analisar e emitir opinião sobre o parecer de auditoria, que é a conclusão do trabalho do auditor externo. Vale destacar que esses dois profissionais poderão se utilizar dos trabalhos um do outro, porém sem emitir juízo de opinião.

Perguntas & respostas

1. Qual o objetivo do exame físico na auditoria?

   Resposta:

   Esse procedimento tem como objetivo a verificação da existência, qualidade e utilidade de ativos cujo valor seja significativo. O auditor verifica a existência, a localização, a condição de uso, entre outros aspectos, de ativos que sejam de valor relevante.

2. Qual a importância da correta definição dos programas de auditoria?

   Resposta:

   Os programas são definições prévias dos procedimentos de auditoria que serão realizados, sempre com a intenção de se realizar um trabalho organizado, metódico e que elimine as improvisações e atropelos na execução dos testes.

Questões para revisão

1. A auditoria interna pode ser realizada por profissionais terceirizados?

2. Indique uma desvantagem da auditoria interna.

3. Indique a alternativa que expressa um dos objetivos da auditoria interna:
   a) Analisar os procedimentos e normas vigentes, visando a sua aprimoração.
   b) Examinar o fluxo de caixa e emitir um parecer a respeito.
   c) Identificar todas as falhas nos controles internos.
   d) Analisar os relatórios contábeis.

4. Quando o auditor externo verifica, por meio de testes, que o controle interno é de ótima qualidade, deverá:
   a) aumentar a quantidade de testes.
   b) fazer menor volume de testes.
   c) desconsiderar os controles internos.
   d) aumentar os procedimentos de auditoria.

5. Quando o auditor, conforme os testes efetuados e oficializados nos papéis de trabalho, conclui que as demonstrações não refletem em todos os aspectos relevantes a situação patrimonial da entidade auditada, deve emitir o seguinte tipo de parecer:
   a) Parecer sem ressalva ou limpo.
   b) Parecer com ressalva.
   c) Parecer com abstenção de opinião.
   d) Parecer adverso de opinião.

Para saber mais

Para se aprofundar nos conceitos expostos neste capítulo, consulte as seguintes obras:

ALMEIDA, M. C. **Auditoria**: um curso moderno e completo. 8. ed. São Paulo: Atlas, 2012.

ATTIÊ, W. **Auditoria interna**. 2. ed. São Paulo: Atlas, 2007.

CREPALDI, S. A. **Auditoria contábil**: teoria e prática. 6. ed. São Paulo: Atlas, 2010.

Considerações finais

Em um cenário econômico de incertezas e, por consequência, de grande instabilidade, as organizações precisam habituar-se à análise de sua gestão, utilizando-se de instrumentos que, muitas vezes, não estão disponíveis de forma sistemática e estruturada. Todas as organizações que se preocupam com sua continuidade devem desenvolver e manter sistemas de informações de apoio à gestão que tratem os dados, transformando-os em informações de forma integrada com o ambiente externo.

É da controladoria a responsabilidade pela estruturação e implementação de um modelo de sistema de informações que integre a análise do ambiente interno e externo à organização. A informação estimula a criação de riquezas, e a consequência disso é que um fator de competitividade de grande importância passa a ser o uso eficaz da informação.

Ainda que tenha avançado consideravelmente nos últimos anos, a contabilidade ainda deverá ocupar um espaço muito maior na gestão das empresas. Verificamos que, em todas as ocasiões em que se discorre sobre a importância da controladoria, esta é classificada como imprescindível para uma gestão empresarial que busca a maximização do lucro e consequente retorno sobre os investimentos. Um melhor desempenho da organização precisa de um sistema de informações que otimize os controles e favoreça a tomada de decisões em tempo hábil e com confiabilidade, sendo que não existe outra ferramenta de apoio à gestão que cumpra esse papel com tanta qualidade como a controladoria.

À controladoria cabe zelar pela continuidade da empresa. Para que haja o cumprimento dessa função, necessitamos verificar em que contexto ela está inserida no modelo de gestão empresarial. Os dados e as informações gerados por um sistema contábil que vise apenas ao controle de resultado e do patrimônio empresarial não têm substância como meios de informação estratégica e, nesse caso, a contabilidade perde a oportunidade de se posicionar como elemento integrador na gestão empresarial.

A sobrevivência da empresa num ambiente, por vezes, hostil e instável é dependente da melhor sinergia possível de suas divisões organizacionais. Em um cenário econômico de incertezas e de constante evolução como o que estamos vivenciando, as organizações devem se preocupar com o acompanhamento e a avaliação de seus negócios, fazendo uso de ferramentas de gestão que sejam compatíveis com os novos tempos. A contabilidade societária ou tradicional é um sistema de medição de variáveis patrimoniais e de resultado que obedece a critérios legais e, por essa razão, não é considerada uma forma eficaz de avaliação. Seu propósito é basicamente atender ao usuário externo, daí a necessidade de uma padronização nos critérios contábeis.

Portanto, a controladoria deve aproveitar ao máximo o potencial da plataforma gerencial da contabilidade que, por suas características próprias, serve para apoiar o usuário interno, ou seja, os diversos gestores organizacionais e a alta direção. Essa abordagem da contabilidade não fica limitada ao uso de critérios padronizados de avaliação dos elementos patrimoniais e de resultado, razão pela qual é considerada um modelo eficaz de avaliação e acompanhamento.

Estudo de caso

Este estudo de caso visa contribuir para a aplicação de diversos elementos e conceitos expostos neste livro, implementados e coordenados pela área de controladoria. Esperamos que, com a implantação da controladoria como ferramenta efetiva de apoio às decisões organizacionais, seu modelo de gestão fique estruturado, entre outros, em um adequado e contínuo processo de planejamento, execução, controle e avaliação. Isso permite à organização como um todo e às suas unidades a obtenção da máxima eficácia em resultados, assegurando sua continuidade.

Objeto do estudo: universidade particular

Este estudo tem o objetivo de demonstrar que o setor de educação superior no Brasil, especificamente o ensino particular, atravessa um momento de expansão jamais visto no país. Esse crescimento, ao mesmo tempo que oferece inúmeras oportunidades, também vem acompanhado de grandes riscos.

A verdade é que todo o setor que oferece possibilidades de ganhos elevados e em escala ascendente atrai um número considerável de concorrentes, o que resulta na queda da rentabilidade e, consequentemente, em problemas no resultado de alguns participantes. Portanto, uma instituição de ensino superior particular pode e deve preocupar-se com a estruturação de sistemas de responsabilidade, autoridade, comunicação e decisão, visando ao adequado controle e acompanhamento de suas atividades.

Na definição dos níveis de autoridade e responsabilidade, é importante que se estabeleça o tipo de estrutura que será implementada (centralizada ou descentralizada). Afinal, uma das primeiras preocupações da gestão corporativa é justamente definir os níveis desejados de centralização ou descentralização, dependendo de alguns fatores, como cultura da organização, filosofia dos principais gestores (proprietários e acionistas) e riscos envolvidos em cada unidade de negócios.

Em uma universidade particular, quando a estrutura leva a uma centralização das decisões, quem detêm o grau maior de poder de decisão no que concerne a questões estratégicas e táticas são a reitoria e as pró-reitorias. Nesse sentido, as faculdades, geridas pelos diretores, não têm autonomia administrativa para algumas questões rotineiras, como a contratação de pessoal ou a aquisição de materiais de expediente.

Em uma estruturação por unidade de negócios, a faculdade deve ser tratada como uma unidade autônoma. Assim, o principal gestor, o diretor, deve ter liberdade e autonomia para tratar de questões táticas e operacionais, bem como para pensar estrategicamente em termos de cursos e centros integrantes da faculdade. É importante ressaltar que, embora a faculdade deva ter autonomia para pensar estrategicamente no que se refere à sua unidade, a gestão divisionalizada deve estar em sintonia com a estratégia do grupo, favorecendo a sinergia da corporação.

Com relação à função financeira, a reitoria deve assumir o papel de controladoria, de modo a efetuar a fiscalização e a coordenação das ações executadas pelas faculdades. Desse modo, é possível consolidar os números relativos aos negócios gerados em cada faculdade ou centro de ensino.

O planejamento estratégico da universidade será estudado e implementado no âmbito da reitoria, mas as faculdades devem ter autonomia para, em termos de expansão de atividades e aproveitamento de oportunidades geradas no mercado, criar e fechar cursos, propor convênios com outras instituições e órgãos cujo interesse resida na divulgação de cursos, atender a novas demandas, prestar serviços à comunidade etc. Logicamente que, como contrapartida a essa autonomia, a faculdade tem de prestar contas à reitoria de suas ações, além de seus gestores serem responsáveis pelos respectivos impactos econômicos e financeiros no resultado global do grupo.

Após as considerações anteriores e tendo em vista a finalidade principal deste estudo de propor uma nova abordagem de avaliação de resultado e desempenho materializada em uma divisionalização por unidades de negócios para as instituições de ensino superior particular, optamos por utilizar como objeto de nossa proposição uma universidade particular, sediada em Curitiba, no Paraná. Caracteriza-se como uma empresa familiar, pois empresa familiar é aquela "em que um ou mais membros de uma família exerce(m) considerável controle administrativo sobre a empresa, por possuir(em) parcela expressiva da propriedade do capital. Existe estreita ou considerável relação entre propriedade e controle, sendo que o controle é exercido justamente com base na propriedade" (Martins; Menezes; Bernhoeft, 1999, p. 33).

Histórico da instituição

A Instituição X iniciou sua história na década de 1960, com a criação de cursos preparatórios para o vestibular. Acompanhando o crescimento da cidade de Curitiba, na década de 1970 começou a se estruturar como estabelecimento de ensino superior. Dando continuidade a seu crescimento, em 1993 inaugurou as faculdades integradas, um conjunto de faculdades integradas sob uma mesma mantenedora, já com o firme propósito de transformar-se em universidade, o que ocorreu 5 anos mais tarde.

A partir da transformação de faculdades integradas para universidade, o crescimento do negócio se tornou vertiginoso. Assim, a instituição passou de 17 cursos de graduação (existentes até janeiro de 1997) para 45 cursos. Nesse novo cenário, tornou-se imprescindível o investimento em laboratórios, salas de aulas, equipamentos, professores e funcionários. Cabe ressaltar que os investimentos nos itens citados dizem respeito basicamente à infraestrutura básica necessária para a Instituição X responder adequadamente às diversas exigências legais oriundas do Ministério da Educação.

As ações gerenciais dos gestores são desencadeadas sempre objetivando, além de cumprir as exigências legais, que demandam um considerável aporte de recursos, estabelecer padrões de excelência em áreas ou cursos que se destaquem com relação à concorrência no mercado.

Análise da situação atual

Analisando o atual organograma da Instituição X, que, de certa maneira, corresponde ao seu "modelo de gestão", podemos destacar vários aspectos relevantes:
- A centralização do poder na figura do reitor, cabendo a ele praticamente todas as decisões, sejam no âmbito acadêmico, sejam na esfera econômica/financeira.

- A inexistência de um sistema contábil interno, já que a contabilidade é "terceirizada".
- As informações financeiras não fluem de modo adequado, já que as áreas administrativa, financeira e contábil trabalham de maneira não coordenada.
- Não existe autonomia para a direção das faculdades com relação a gastos de qualquer natureza, como envio de um professor a um evento, sendo necessária a autorização do reitor ou do pró-reitor administrativo.
- Como não está formalizado um sistema orçamentário, os recursos são alocados às áreas ou cursos conforme o "esforço" de coordenadores e diretores.
- A inexistência de relatórios gerenciais com valores de receitas, custos e despesas, os quais possibilitariam a avaliação do desempenho setorial e global.

Todos os aspectos considerados anteriormente resultam na falta de uma relação eficaz de autoridade e responsabilidade no que diz respeito aos valores financeiros gerados pelas atividades de ensino.

Análise do modelo de gestão

No modelo de gestão existente, o que prevalece é um modo centralizado de ação por parte da reitoria e da pró-reitoria administrativa. A crença e a aceitação das diretrizes e ideias emanadas pelos executivos principais têm como base o culto ao "dono", não cabendo aos gestores executivos intermediários (diretores de faculdades e coordenadores de curso) decisões sobre aspectos operacionais.

Análise dos modelos de decisão e informação

Em função da inexistência de um sistema de informação no formato necessário para a tomada de decisões, esta não tem um parâmetro predefinido. Como exemplo, podemos citar o gerenciamento da construção de uma unidade para abrigar novas turmas e a consequente aquisição da infraestrutura física necessária para as salas de aula, algo feito com base em "expectativas" de recebimento de mensalidades. O modelo de informação deveria proporcionar o controle e a gestão de projetos específicos, como "Projeto 1 = Construção do Bloco A", relacionando todos os itens orçados para o referido bloco. Além disso, esse modelo teria de fazer o levantamento de equipamentos e demais itens que precisariam ser adquiridos para a viabilização de uma sala de aula ou de um laboratório. Como o modelo de informação existente não fornece informações adequadas aos gestores, estes naturalmente têm de decidir entre determinadas alternativas com base em critérios empíricos.

Existe um desordenamento no processamento dos dados para geração das informações, sendo uma das causas a terceirização do sistema contábil. Constata-se entre os gestores principais a observância do velho argumento de que "se sempre funcionou desse modo, por que haveria necessidade de mudanças?".

Informações não estruturadas resultam em decisões não sistematizadas, ou seja, a cada ação que envolva uma decisão, é preciso recorrer à coleta e ao processamento de dados, tomados, muitas vezes, aleatoriamente. Em virtude de as informações não serem processadas e geradas na oportunidade e na qualidade requeridas, acabam sendo negligenciadas como ferramentas de gestão em diversas ocasiões.

Se o executivo principal solicitasse a análise de *performance* financeira de determinado curso de graduação, ou de uma faculdade, surgiriam três aspectos que consideramos fundamentais para a conclusão desta análise:

1. Como não existe uma área corporativa responsável pelos controles de gestão (que poderia ser uma "controladoria"), essa tarefa seria delegada a um funcionário da reitoria sem o conhecimento requerido para o desenvolvimento

do trabalho, o que poderia resultar em distorções nos dados levantados.

2. A coleta de dados para posterior processamento nas informações requeridas seria extremamente difícil e demorada, tendo em vista a dispersão das fontes de dados existentes.

3. Pelo fato de as informações não serem sistematizadas, se eventualmente a reitoria solicitasse a atualização do relatório, o funcionário teria de partir em busca de todos os dados novamente.

Nesse cenário, seria impossível responsabilizar os diretores das faculdades ou os coordenadores de curso pelos valores apresentados, pois não existe uma política de atribuição de responsabilidades, como a que poderia resultar de um sistema orçamentário. A falta desse sistema dificulta também a comparação dos valores efetuados com um padrão preestabelecido.

Organograma proposto

Ao propormos um novo organograma para a Instituição X, a ideia não é definir um modelo organizacional para toda a instituição, representando todas as funções existentes. Assim, com este estudo, buscamos apenas destacar os aspectos referentes à gestão de desempenho econômico e financeiro dos cursos de graduação e das faculdades.

Obviamente que essas funções estão ligadas à pró-reitoria administrativa; porém, a relação que estabelecemos no organograma entre as faculdades e demais pró-reitorias é para ressaltar que elas estão associadas, mas em outras variáveis, ou seja, aquelas relacionadas às diretrizes pedagógicas.

Relação entre autoridade e responsabilidade no organograma proposto

Como foi destacado neste livro, a divisionalização por unidades de negócios pressupõe o entendimento, por parte da alta gestão da empresa, de que serão atribuídas às unidades (individualmente consideradas) responsabilidades e autoridade com relação a produtos e processos de um mercado previamente definido. O gestor principal da faculdade é o diretor, o qual também é responsável pelos aspectos acadêmicos e pedagógicos de todos os cursos, bem como pela relação com outros órgãos da universidade, como pró-reitorias, centros e comitês. Nesse sentido, é importante que, além da desejável delegação de autoridade e atribuição de responsabilidade a cada coordenador de curso, o diretor também seja assessorado por um funcionário com experiência na área administrativa/contábil para dar o necessário suporte nas questões que envolvem desempenho econômico e financeiro dos cursos e da faculdade.

Cabe ao diretor da faculdade a responsabilidade pela definição das variáveis orçamentárias de cada curso e da faculdade como um todo. Aprovado o plano orçamentário, o diretor se torna responsável pela execução do estabelecido no orçamento.

Devemos considerar que determinados cursos de graduação, pelas suas características e necessidades de investimentos mensais elevados, como Medicina, Odontologia e Fisioterapia, poderão ter um desempenho financeiro aquém do almejado, embora esse déficit deva estar contemplado e adequadamente mensurado no plano orçamentário aprovado para a faculdade. É imprescindível que a reitoria possa acompanhar as necessárias transferências de recursos de um curso para outro.

A responsabilidade do coordenador de curso não se restringe apenas à parte pedagógica, devendo este responder por medições em termos de valores financeiros. Podemos considerar o coordenador um gestor de um processo de negócio, no qual existirá uma relação com "clientes": o mercado, de forma expandida; e os alunos, como "clientes" internos. Assim, o coordenador será responsável pelo planejamento e pela execução de ações que conduzam ao atingimento de objetivos mensurados e definidos. Em outras palavras, o coordenador deve planejar e executar um projeto pedagógico cuja premissa básica seja a formação adequada dos alunos. Além disso, deve incentivar práticas pedagógicas inovadoras, provocando uma relação entre ensino e aprendizagem de qualidade.

Universidade: reitoria e pró-reitoria administrativa

Com a descentralização da gestão econômica/financeira para a pró-reitoria administrativa, a direção da faculdade e o coordenador de curso, a reitoria passa a exercer uma função mais estratégica/institucional, verificando periodicamente os resultados consolidados por curso e faculdade. Além disso, torna-se responsável pelo planejamento estratégico da universidade como um todo, levando em consideração a análise do ambiente, a avaliação das oportunidades e ameaças inerentes a cada faculdade (ou a cada unidade de negócios) e a sinergia dessas variáveis para formar o todo da universidade. Nesse sentido, é oportuno esclarecer que a reitoria deve implementar o plano estratégico, mas permitindo sempre que as faculdades prospectem oportunidades porventura não verificadas quando da formulação do plano global.

É de responsabilidade da pró-reitoria administrativa as ações que conduzam à maximização dos resultados econômicos/financeiros das faculdades e cursos. Assim, cabe a ela a consolidação dos resultados em cada faculdade e na reitoria. A pró-reitoria administrativa também fica responsável pelo planejamento e pela execução dos investimentos necessários à manutenção e à expansão da estrutura da universidade.

Como unidade de negócio autônoma, a faculdade fica mais próxima das oportunidades de mercado. Seus gestores, diretor e coordenadores de curso devem subsidiar a reitoria na apresentação de projetos que possibilitem o atendimento à comunidade, exercendo o papel social da universidade, bem como devem custear projetos que representem acréscimos de receitas.

Com autonomia para gerirem suas unidades, é de se esperar que as unidades de negócios busquem a maximização dos resultados mesmo em mercados ou atividades fora do escopo do plano estratégico estabelecido.

O curso de graduação, na divisionalização por unidades de negócios, será a menor unidade de planejamento e controle dos valores econômicos gerados. Pela facilidade com que se podem identificar as receitas e custos diretos de cada curso, cabe ao coordenador zelar pela otimização de seu "resultado financeiro".

Controladoria e orçamento

A controladoria, como área de *staff* vinculada à pró-reitoria administrativa, é de fundamental importância, visto que representará o acompanhamento dos planos, objetivos e metas definidos em cada instância da universidade. Portanto, deve promover a sinergia entre as áreas, assessorando a alta direção no estabelecimento de políticas de planejamento e controle eficazes, que integrem um sistema global de informações de natureza permanente e integrada.

Esse sistema de informação deve garantir que as unidades possam fazer um acompanhamento do reflexo financeiro e econômico em suas atividades operacionais. Os relatórios estruturados e gerados devem ser avaliados pelo gestor da faculdade, o qual deve cobrar possíveis desvios dos responsáveis pelos cursos integrantes da unidade. Aquilo que for acordado entre todas as unidades deve ser avaliado pela pró-reitoria administrativa, que verifica o desempenho econômico e financeiro de cada curso e gerencia o valor total da universidade.

O sistema de informação contábil, que compõe o sistema de informação global, integra-se ao planejamento à medida que fornece dados históricos e processa os dados reais que foram objeto do planejamento orçamentário. O controle representa o confronto dos resultados alcançados com aquilo que foi planejado. Essa verificação deve ser executada tempestivamente, proporcionando ao gestor a possibilidade de rever políticas, alterar metas ou redefinir objetivos.

O orçamento também consistirá em duas peças distintas: (1) o orçamento individual da faculdade (unidade de negócios independente); e o orçamento global, que refletirá os planos, recursos e responsabilidades de todas as unidades de negócios consolidadas. Trata-se da quantificação em unidades monetárias das premissas consideradas no planejamento. O orçamento de cada faculdade estipulará as responsabilidades de seus gestores na consecução dos planos preestabelecidos. Nesse caso, ele será usado como instrumento de controle.

O orçamento tem início na definição dos volumes físicos e financeiros das vendas. A variável *receita operacional projetada* é facilmente obtenível em uma instituição de ensino superior particular, tendo em vista que as matrículas anuais compõem a base de dados para a definição desses valores orçados. Na proposta de uma estruturação por unidades de negócios, o orçamento fica a encargo das faculdades, sendo seu acompanhamento efetuado pela pró-reitoria administrativa.

O processo de planejamento e orçamento se inicia nas faculdades, pela definição de suas necessidades de investimento. Por exemplo: recursos humanos, instalações físicas, equipamentos de informática etc. Deve ser utilizado como uma ferramenta de controle de gestão, pois, depois de aprovado, será confrontado periodicamente com a contabilidade. As variações apresentadas são de responsabilidade do gestor da unidade. Confira a representação gráfica desse processo na figura a seguir.

Figura A – Processo de planejamento e orçamento

```
                Gestão da Instituição de Ensino
                        Superior (IES)
                              │
           ┌──────────────────┴──────────────────┐
  Acadêmica/pedagógica                    Econômica/financeira
           └──────────────┐   ┌──────────────────┘
                       Unidade de negócios
                              │
                  Atributos de avaliação          Produto
                                                 Processo
                                                 Mercado

                  Ações – Desempenho            Eficiência

                       Resultados               Eficácia
```

A Figura A demonstra como se desencadeará o processo de avaliação de desempenho e resultados em uma instituição de ensino superior particular sob o enfoque do modelo de gestão proposto. Mediante a descentralização das decisões estratégicas*, táticas e operacionais para as faculdades, os gestores ficam responsáveis pelas variáveis acadêmicas (processos de ensino, pesquisa e extensão) e econômicas/financeiras (receitas, custos, despesas e investimentos).

Como visto no desenvolvimento desta obra, a divisionalização em unidades de negócios pressupõe a existência de um mercado, um produto e processos específicos da unidade descentralizada. Esses três elementos representarão o foco das ações dos gestores na busca de eficiência e eficácia para sua unidade.

Esses resultados serão reportados à controladora (reitoria), que, por meio de uma área de controladoria, confrontará os resultados econômicos/financeiros da unidade divisionalizada com parâmetros previamente estabelecidos (planejamento e orçamento).

Esse modelo de gestão possibilitará a avaliação dos resultados e do desempenho de cada unidade de negócios (faculdade) no

* No escopo do planejamento estratégico da instituição como um todo.

momento certo e na amplitude requerida, já que os gestores das unidades serão responsabilizados apenas pelas ações referentes à sua unidade. Afinal, é preciso dar autonomia de gestão aos responsáveis pelas unidades, observados os parâmetros de autoridade e responsabilidade que o modelo requer, para que se possa medir o nível de eficácia alcançada pelo gestor da unidade de negócios.

Considerações finais

Finalizamos com um resumo do diagnóstico efetuado (com destaque para alguns pontos apenas) e a proposição de um novo modelo de avaliação e controle de resultado e desempenho, tendo como suporte a área de controladoria.

Quadro A – Modelo de avaliação e controle de resultado e desempenho

Situação atual	Situação proposta	Benefícios pela mudança
Inexistência de um plano orçamentário global e por unidade (faculdade).	Implantação de um sistema orçamentário divisionalizado por faculdade e por curso.	Maior clareza na alocação de recursos para investimentos e no controle de resultados.
Informações financeiras e econômicas dispersas e desestruturadas.	Implantação de uma área de controladoria, subordinada à pró-reitoria administrativa.	O sistema de informação gerencial, produto da controladoria, apoiaria os diversos gestores no controle de desempenho e na tomada de decisões.
A avaliação de resultados e desempenho é realizada somente no sentido acadêmico-pedagógico.	A avaliação de desempenho de cada faculdade ou centro terá componentes econômicos e financeiros, como lucratividade por área, centro, curso e faculdade.	Proporcionará uma visão mais clara e objetiva das necessidades e possibilidades de investimento. Além disso, o fluxo de recursos a cada faculdade ou curso será mais bem acompanhado.

(continua)

(Quadro A – conclusão)

Situação atual	Situação proposta	Benefícios pela mudança
Plano estratégico definido na reitoria.	Cada faculdade efetuará seu planejamento estratégico, não conflitando com o plano global da universidade e tendo como premissas seu mercado e seus produtos.	Eficiência no aproveitamento de novas oportunidades de mercado.
Gestão financeira centralizada na reitoria.	As faculdades devem ser tratadas como unidades de negócios, sendo responsáveis pelas ações e decisões referentes ao mercado, ao produto e aos processos que lhes são inerentes.	Agilidade nas decisões, efetividade na avaliação de desempenho e possibilidade de ganhos de eficácia na alocação de recursos e na busca de novos mercados. Além disso, há a subjacente motivação com que diretores e coordenadores de curso executarão suas funções.

Referências

ACKOFF, R. L.; FREITAS, M. T. de. **Planejamento empresarial**. São Paulo: Livros Técnicos e Científicos, 1975.

ALMEIDA, M. C. **Auditoria**: um curso moderno e completo. São Paulo: Atlas, 1996.

ALMEIDA, M. C. **Auditoria**: um curso moderno e completo. 8. ed. São Paulo: Atlas, 2012.

ANTHONY, R. N. **Contabilidade gerencial**: introdução à contabilidade. São Paulo: Atlas, 1974.

ATKINSON, A. A. et al. **Contabilidade gerencial**. São Paulo: Atlas, 2000.

BIO, S. R. **Sistemas de informação**: um enfoque gerencial. São Paulo: Atlas, 1985.

BRASIL. Lei n. 6.404, de 15 de dezembro de 1976. **Diário Oficial da União**, Brasília, DF, 17 dez. 1976. Disponível em: <https://www.planalto.gov.br/ccivil_03/Leis/L6404consol.htm>. Acesso em: 05 out. 2010.

CFC – Conselho Federal de Contabilidade. Resolução n. 820, de 15 de dezembro de 1997. Disponível em: <www.cfc.org.br/sisweb/sre/docs/RES_820.doc>. Acesso em: 2 mar. 2013.

CREPALDI, S. A. **Auditoria contábil**: teoria e prática. 6. ed. São Paulo: Atlas, 2010.

DRUCKER, P. F. **Administrando para o futuro**. São Paulo: Pioneira, 1992.

DRUCKER, P. F. **Prática de administração de empresas**. São Paulo: Pioneira, 1998.

FERREIRA, A. B. de H. **Novo dicionário Aurélio da língua portuguesa**. 3. ed. Curitiba: Positivo, 2004.

FERREIRA, R. J. **Manual de auditoria**. 7. ed. São Paulo: Ferreira, 2009.

FIGUEIREDO, S.; CAGGIANO, P. C. **Controladoria**: teoria e prática. 2. ed. São Paulo: Atlas, 1997.

FRANCO, H.; MARRA, E. **Auditoria contábil**. São Paulo: Atlas, 2005.

GOMES, J. S.; SALAS, J. M. A. **Controle de gestão**. São Paulo: Atlas, 1997.

HAMPTON, D. **Administração contemporânea**. 2. Ed. São Paulo: McGraw-Hiil, 1983.

HENDRIKSEN, E. S.; BREDA, M. V. **Teoria da contabilidade**. 5. ed. São Paulo: Atlas, 1999.

HORNGREN, C. T. **Introdução à contabilidade gerencial**. Rio de Janeiro: LTC, 2000.

HORNGREN, C. T.; SUNDEM, G. L.; STRATTON, W. O. **Contabilidade gerencial**. 12. ed. São Paulo: Prentice Hall, 2004.

IBRACON – Instituto De Auditores Independentes Do Brasil. Ibracon NPA n. 02 – Procedimentos de auditoria independente de instituições financeiras e entidades equiparadas. São Paulo: Ibracon, 1985.

IUDÍCIBUS, S. de. **Contabilidade gerencial**. 5. ed. São Paulo: Atlas, 1995.

JIAMBALVO, J. **Contabilidade gerencial**. Rio de Janeiro: LTC, 2002.

JOHNSON, H. T.; KAPLAN, R. S. **A relevância da contabilidade de custos**. Rio de Janeiro: Campus, 1996.

JUCIUS, M. J.; SCHLENDER, W. E. **Introdução à administração**: elementos da ação administrativa. 3. ed. São Paulo: Atlas, 1972.

KAPLAN, R. S.; NORTON, D. P. **A estratégia em ação**: balanced scorecard. São Paulo: Campus, 1998.

LI, D. H. **Contabilidade gerencial**. São Paulo: Atlas, 1977.

MARTINS, I. G. da S.; MENEZES, P. L. de; BERNHOEFT, R. **Empresas familiares brasileiras**: perfil e perspectivas. São Paulo: Negócio Editora, 1999.

MINTZBERG, H. **Criando organizações eficazes**: estrutura em cinco configurações. São Paulo: Atlas, 1995.

MINTZBERG, H.; AHLSTRAND, B.; LAMPEL, J. **Safári de estratégia**. Porto Alegre: Bookman, 2000.

MORAES, J. C. F. de. **Análise da eficácia da disseminação de conhecimentos sobre controles internos após sua implementação** no Banco do Brasil. Dissertação (Mestrado em Contabilidade e Controladoria) – Universidade Federal de Santa Catarina, Florianópolis, 2003.

Moscove, S. A.; Simkin, M. G.; Bagranoff, N. A. **Sistemas de informações contábeis**. São Paulo: Atlas, 2002.

Mosimann, C. P.; Fisch, S. **Controladoria**: seu papel na administração de empresas. 2. ed. São Paulo: Atlas, 1999.

Nakagawa, M. **Introdução à controladoria**: conceitos, sistemas, implementação. São Paulo: Atlas, 1993.

Neves, A. l. da C. **Auditoria em contas a pagar**. 64 f. Monografia (Pós-Graduação "Lato Sensu" em Auditoria e Controladoria) – Universidade Candido Mendes, Rio de Janeiro, 2009. Disponível em: <http://www.avm.edu.br/docpdf/monografias_publicadas/k212724.pdf>. Acesso em: 31 jan. 2014.

Nogas, C.; Luz, E. E. da. **Controladoria**: gestão, planejamento e aplicação. Curitiba: Lobo Franco, 2004.

Nogas, C.; Luz, E. E. da. Uma proposta de metodologia de ensino para a disciplina de Controladoria. **Revista do Conselho Regional de Contabilidade do Paraná**, Curitiba, n. 143, ano 30, p. 11-13, dez. 2005. Disponível em: <http://revista.crpc.org.br/index.php?pag=exibe_edicao&edicao=143>. Acesso em: 09 nov. 2010.

Nogas, C.; Luz, E. E. da; Navarro, R. M. A contabilidade estratégica como fator de competitividade das empresas no mercado globalizado. **Revista do Conselho Regional de Contabilidade do Paraná**, Curitiba, n. 132, ano 27, p. 35-40, abr. 2002. Disponível em: <http://www.crcpr.org.br/new/content/publicacao/revista/revista132/estrategica.htm>. Acesso em: 21 out. 2010.

Oliveira, D. P. R. **Sistemas de informações gerenciais**: estratégicas, táticas, operacionais. 4. ed. São Paulo: Atlas, 1997.

Padoveze, C. L. **Controladoria estratégica e operacional**. São Paulo: Atlas, 2004.

Padoveze, C. L. O papel da contabilidade gerencial no processo empresarial de criação de valor. **Cadernos de Estudos**, São Paulo, n. 21, maio/ago. 1999. Disponível em: <http://www.scielo.br/pdf/ast/n21/n21a03.pdf>. Acesso em: 25 nov. 2013.

Padoveze, C. L. **Sistemas de informações contábeis**: fundamentos e análise. São Paulo: Atlas, 1998.

Peleias, I. R. **Controladoria**: gestão eficaz utilizando padrões. São Paulo: Saraiva, 2002.

Pemberton, L. A. **Administração de sistemas**. São Paulo: Atlas, 1998.

Perez Júnior, J. H.; Pestana, A. O.; Franco, S. P. C. **Controladoria de gestão**. 2. ed. São Paulo: Atlas, 1997.

RICARDINO, A. **Contabilidade gerencial e societária**: origens e desenvolvimento. São Paulo: Saraiva, 2005.

SAINT-EXUPÉRY, A. **O pequeno príncipe**. Rio de Janeiro: Agir, 2009.

WARREN, C. S.; REEVE, J. M.; FESS, P. E. **Contabilidade gerencial**. São Paulo: Pioneira, 2001.

Respostas

Capítulo 1

Questões para revisão

1. A controladoria deve ter como principal preocupação a preparação de um conjunto de informações gerenciais para promover a avaliação tanto do desempenho quanto do resultado empresarial. A análise e o acompanhamento do negócio devem ser conduzidos em consonância com o processo administrativo, composto pelas etapas de planejamento, execução e controle. Nesse sentido, no momento da implantação de um sistema de planejamento empresarial, espera-se que a controladoria apoie os gestores, subsidiando-os com dados e informações (financeiras e não financeiras) quando estes forem estipular os objetivos, as metas e as estratégias que comporão os planos.

2. A controladoria deve posicionar-se de tal forma que haja sempre uma interação entre o seu papel e o modelo de gestão da empresa. As crenças e os valores das pessoas que estão no topo da organização devem ser congruentes com uma concepção de controladoria atuante no sentido de controle gerencial.

Capítulo 2

Questões para revisão

1. O papel do modelo de decisão é disponibilizar aos gestores uma estrutura de relatórios que permita a eles uma visão correta da melhor alternativa na decisão e das consequências que advirão da escolha de determinada alternativa. Portanto, o SIG deve permitir a construção e a distribuição de relatórios que conduzam os gestores às melhores decisões.

2. Nem sempre um alto investimento em TI proporciona um retorno adequado em termos de resposta às necessidades de informações por parte dos gestores. Não raras vezes, a tecnologia está aquém ou além dessas necessidades e da realidade da empresa. O que se percebe no mercado é, seguidamente, uma inadequação entre o *hardware* (máquinas e equipamentos de informática) e o *software* implantado, o que significa que não houve um planejamento adequado quando da definição dos recursos que seriam investidos nesses itens que compõem a TI.

Capítulo 3

Questões para revisão

1. O modelo de gestão influencia significativamente a controladoria, pois representa a forma como a empresa é gerenciada, conduzida. Portanto, ela deve estar alinhada

com o pensamento dos principais gestores. Por exemplo, no caso de uma organização centralizadora, de nada adiantaria o SIG (responsabilidade da controladoria) proporcionar a possibilidade de as decisões serem tomadas em cada área de forma descentralizada, pois isso não se coaduna com o pensamento da gestão.

2. Nem sempre os modelos que os gestores utilizam para basear suas decisões são pertinentes. Um exemplo é o caso do gestor que utiliza relatórios oriundos da contabilidade societária (por exemplo, a demonstração do resultado contábil) para tomar decisões.

Capítulo 4

Questões para revisão

1. Como o conceito exposto neste livro é relativo ao centro de resultados, podemos entender que uma filial, um grupo de produtos ou uma divisão poderiam ser considerados centros de resultados, bastando apenas que exista a possibilidade de se atribuírem receitas e despesas especificamente a essas áreas ou a esses produtos.

2. Na departamentalização, temos uma estruturação da empresa em áreas, conforme as tarefas executadas em cada uma delas. A departamentalização é comum na maioria das empresas, pois representa um mínimo de organização do negócio. Já a divisionalização tem relação com a mensuração da contribuição econômica de cada área para o resultado global da empresa. Ou seja, a departamentalização não contempla a análise de valor econômico de cada área, ao passo que a divisionalização, sim.

Capítulo 5

Questões para revisão

1. Conforme a figura apresentada no texto, a informação deve conter atributos como oportunidade, relevância, confiabilidade e outros que a qualificam como gerencial. O problema reside no fato de que, nos relatórios comumente utilizados pelos gestores, muitos desses atributos relacionados não compõem a estrutura dos relatórios.

2. Uma diferença pode ser encontrada no conteúdo, pois a demonstração de resultado contábil não apresenta a quantidade de vendas, por exemplo. Já quanto à forma, podemos indicar a falta de comparabilidade entre os valores realizados e aqueles previstos (orçados).

Capítulo 6

Questões para revisão

1. Sim. Já existem muitos casos de empresas que contratam o trabalho de auditores externos para a realização de tarefas inerentes à auditoria interna, como a verificação da adequação dos controles internos.

2. Pode-se destacar a influência que os gestores podem exercer no trabalho, visto que, em regra, o auditor é um profissional da própria empresa, comprometendo a independência dos seus trabalhos.

3. a

4. b

5. d

Sobre o autor

Érico Eleuterio da Luz é mestre em Controladoria e Contabilidade pela Universidade Norte do Paraná (Unopar); especialista em Finanças e em Auditoria pela FAE/CDE – Centro de Desenvolvimento Empresarial; e graduado em Ciências Contábeis pela Fundação de Estudos Sociais do Paraná (Fesp) e em Direito pela Universidade Tuiuti do Paraná (UTP).

Atualmente, é consultor nas áreas contábil e jurídica, além de atuar como docente na FAE Centro Universitário e no Centro Universitário Internacional Uninter, entre outras instituições, em disciplinas relacionadas a finanças, negócios e direito, em cursos de graduação e pós-graduação, nas modalidades presencial e a distância.

Impressão: